W0074303

rororo sport
Herausgegeben von Bernd Gottwald

Peter Schreiner

Koordinationstraining
Fußball

Das Peter-Schreiner-System
Grundlagentraining für mehr Erfolg
Mit Fotos von Hans Wittkowski

Rowohlt Taschenbuch Verlag

 Das Peter-Schreiner-System ist ein
eingetragenes Markenzeichen

3. Auflage Januar 2006

Originalausgabe
Veröffentlicht im Rowohlt Taschenbuch Verlag,
Reinbek bei Hamburg, Juni 2000
Copyright © 2000 by Rowohlt Taschenbuch Verlag GmbH,
Reinbek bei Hamburg
Redaktion Thorsten Krause
Umschlaggestaltung Büro Hamburg, Susanne Reizlein
(Foto: Bongarts/Andreas Rentz)
Grafiken Jörg Mahlstedt
Layout Christine Lohmann
Satz Syntax und Minion PostScript
Gesamtherstellung Clausen & Bosse, Leck
Printed in Germany
ISBN 3 499 61003 5

Inhalt

Vorwort

«*Koordination* ist das Zusammenwirken von Zentralnervensystem
und Skelettmuskulatur innerhalb
eines gezielten Bewegungsablaufes»
– so lautet die allgemein wissenschaftliche Definition.

In der Sportart Fußball mit sehr
vielen unterschiedlichen Leistungs-
situationen und Bewegungsanforde-
rungen kommt dem Koordinationstraining erhöhte, ja entscheidende
Bedeutung zu. Die überaus hohe
Situationsvariabilität und -komple-
xität im Sportspiel Fußball macht
ja nicht zuletzt die starke Akzep-
tanz und ungeheure Attraktivität des
Spiels aus, für Junioren und Senio-
ren, bei Aktiven und Zuschauern.

Ich bin froh und dankbar, dass
sich Peter Schreiner dieses für die
Fachwelt überfälligen Themas an-
nimmt. In seinen bisherigen Tätig-

Erich Rutemöller

keiten und Veröffentlichungen hat mein Trainerkollege bewiesen, dass er aufgrund
seines Fachwissens und seiner über viele Jahre gewachsenen Erfahrung dazu prä-
destiniert ist, komplexe Sachverhalte systematisch, praxisnah und leicht verständlich zu beschreiben. Dies hilft den vielen Trainern und Übungsleitern enorm, die
einen praktischen Leitfaden für ihr Training suchen.

Überzeugend gelingt es Peter Schreiner, den «Trainingsbogen» vom allgemeinen
Koordinationstraining hin zum sportartspezifischen Koordinationstraining zu
spannen und den eminent wichtigen Zusammenhang von Technik- und Koordinationstraining herzustellen.

Gerade den deutschen Junioren- und auch Seniorenspielern werden ja, leider oft
vorschnell und vordergründig, Defizite im koordinativen Bereich nachgesagt, spä-
testens im Vergleich mit dem südamerikanischen oder auch afrikanischen Spieler-
typ.

Trainer und Lehrer in allen Alters- und Leistungsstufen sollten jede Möglichkeit nutzen, um mit einem konsequenten Koordinationstraining die angeborenen Fähigkeiten und das vorhandene Potential der Spieler systematisch zu entwickeln und zu verbessern. *Dieses Buch leistet dabei vortreffliche Hilfestellungen!*

Den Fußballtrainern und Lehrern wünsche ich viel Spaß bei der Anwendung der zahlreichen interessanten Übungen, die Peter Schreiner in diesem Buch auf seine gewohnt anschauliche Art beschreibt und präsentiert.

Ihr
Erich Ruthemöller
DFB-Trainer

Einführung

Das Thema Koordination

Während meines Sportstudiums habe ich mich selbstverständlich auch mit Inhalten des Koordinationstrainings beschäftigt. Aber irgendwie geriet dieses für meine Schüler und Fußballspieler wichtige Thema ins Hintertreffen. Erst mit der Zeit erkannte ich die besondere Bedeutung des Koordinationstrainings für alle Sporttreibenden.

Was führte zu dieser Erkenntnis? Als Verantwortlicher für die Organisation des Basistrainings beim FC Schalke 04 habe ich im Jahr 1995 eine Konzeption zur Entwicklung kreativer Angriffstechniken entwickelt, die seit 1999 unter dem Titel «*Erfolgreich Dribbeln. Das Peter-Schreiner-System*» (rororo Sport 19 487) veröffentlicht ist. Im Rahmen dieser Tätigkeit lernte ich 1996 Dirk Rauin kennen, einen ehemaligen Handball-Nationalspieler, der dieses Basistraining durch ein regelmäßig durchgeführtes Koordinationstraining abrundete. Seine Erfahrungen als Trainer im Handball, ergänzt durch Ideen zum Thema Koordinations- und Schnelligkeitstraining des in der Nachwuchsarbeit überaus erfolgreichen niederländischen Vereins Ajax Amsterdam, kamen dem Nachwuchs des FC Schalke 04 zugute. Rauin erweiterte die Inhalte des koordinativen Basistrainings systematisch, und ich ergänzte die Übungssammlung durch fußballspezifische Inhalte. 1997 veröffentlichten wir dieses Konzept auf zwei Videos. Für die redaktionelle Betreuung dieses Videoprojekts habe ich mich mit dem Koordinationstraining für Fußballer intensiver beschäftigt.

Auf dem Internationalen Trainerkongress des Bundes Deutscher Fußball-Lehrer (BDFL) stellten wir 1997 im Müngersdorfer Stadion das koordinative Basistraining des FC Schalke 04 mit großem Erfolg vor.

Anregung zu diesem Buch

Im Januar 1998 war ich auf der großen «Soccer-Convention» der Nordamerikanischen Fußball-Trainer-Vereinigung (NSCAA) in Cincinatti / Ohio, um mich zu informieren, wie professionell Amerikaner eine riesige Trainerfortbildung mit 3500 Teilnehmern organisieren. Gleichzeitig konnte ich den Herausgeber unserer Videos zum Peter-Schreiner-System und zum Koordinationstraining besuchen und interessierte amerikanische Trainer an seinem Verkaufsstand beraten. Zum einen war ich von der Herzlichkeit und Begeisterungsfähigkeit der Amerikaner überwältigt, zum anderen konnte ich feststellen, dass die Videos einen reißenden Absatz fanden. Immer wieder fragten die Trainer, wann es denn die Bücher zu den Videos gäbe. So regte der amerikanische Markt die Produktion der Bücher «*Erfolgreich*

Dribbeln – Das Peter-Schreiner-System» und nun auch *«Koordinationstraining – Fußball»* an.

Entwicklung einer systematischen Übungssammlung

In zahlreichen von mir durchgeführten Fußball-Seminaren der letzten Jahre habe ich festgestellt, dass den Teilnehmern die Kopien mit den gezeigten Übungen sehr wichtig und diese für die Umsetzung im Training zwingend notwendig waren. Immer mehr zeigte sich auch das große Interesse der Trainer und Lehrer an einem leicht verständlichen Leitfaden mit einer systematischen Übungssammlung zum Thema Koordination. Der Informationsbedarf war nicht nur auf Nachwuchstrainer beschränkt, auch immer mehr Seniorentrainer meldeten sich zu den Seminaren an und testeten die Übungen mit Erwachsenen in allen Leistungsklassen. Interessante Rückmeldungen und Ergänzungen habe ich gerne aufgenommen. Deshalb möchte ich mich an dieser Stelle bei allen Trainern und Lehrern bedanken, die die Übungen getestet, mir ihre Erfahrungen mitgeteilt und Variationen und Ergänzungen geliefert haben. Dirk Rauin, Peter Hyballa, Dirk Reimöller, Lothar Jahn, Heinrich Schmidt, Martin Möllmeier, Achim Nohlen, Phillip Senge und Gerd Thissen möchte ich dabei besonders hervorheben. Sie halfen mir dabei, die Übungssammlung stetig umfangreicher und fußballspezifischer zu gestalten, denn zu den zahlreichen Organisationsformen des allgemeinen Koordinationstrainings kamen immer mehr speziell für das Fußballtraining wichtige Trainingsformen hinzu. Danken möchte ich auch den Spielerinnen des FCR Duisburg, den Aktiven vom TuS Bochum-Hordel und besonders meinen Schülern Patrick Dehn und Sascha Schneider, die mir schon seit Jahren ständig für Sportfotos und Videoaufnahmen zur Verfügung stehen.

Arbeitsbuch und leicht verständlicher Leitfaden für Trainer und Lehrer

Dieses Buch soll einen praktischen Leitfaden liefern und nicht eine weitere wissenschaftliche Abhandlung zum Thema Koordination. Dennoch finden interessierte Leser am Anfang auch die Grundlagen zum Thema Koordinationstraining. Der umfangreiche Übungsteil ist themenorientiert gegliedert. Die Organisationsformen und die Übungen selbst sind übersichtlich dargestellt und verständlich beschrieben. So kann jeder Trainer das Buch als Arbeitsbuch mit einer schnellen Orientierung innerhalb der Themen nutzen.

Die meisten Trainer interessieren sich erfahrungsgemäß für praxiserprobte Übungen, konkrete methodische Hinweise sowie verständliche Übungsanweisungen und Beschreibungen. Diese werden Sie in diesem Buch finden. Sie müssen das Buch nicht von vorne bis hinten, Seite für Seite durchlesen. Suchen Sie sich die Übungen heraus, die Ihnen am meisten zusagen oder für Ihre Trainingsgruppe interessant erscheinen und bauen Sie sie in Ihr Training ein. Die Grundlageninformationen und methodischen Hinweise sollten Sie zu gegebener Zeit jedoch auch lesen, damit Sie das nötige Hintergrundwissen haben, um die Organisationsformen voll auszuschöpfen. Die zahlreichen Fotos sollen die z. T. schwer zu beschreibenden Bewegungsabläufe verdeutlichen. Ein Bild sagt oft mehr als tausend Worte. Generell gilt: Anschaulichkeit und Verständlichkeit haben in diesem Buch die absolute Priorität.

BallKoRobics

Ich möchte Ihr Augenmerk besonders auf den Abschnitt BallKoRobics lenken, denn die Verbindung von Ball, Koordination und Musik eröffnet Ihnen neue Möglichkeiten im Koordinationstraining, die Sie unbedingt ausprobieren sollten.

Die vielen BallKoRobics-Vorführungen für den Bund Deutscher Fußball-Lehrer (BDFL), den Deutschen Fußball Bund (DFB) und einige seiner Regionalverbände sowie in Seminaren mit Trainern und Lehrern haben ein großes Interesse und einen überwältigenden Anklang gefunden und weiteren Informationsbedarf geweckt. Die hohe Motivation besonders bei Kindern und die vielfältigen Trainingseffekte mit unterschiedlichen Schwerpunkten sollten es wert sein, einen Versuch zu starten.

Nutzen Sie die Anregungen!

Erfahrungsgemäß haben besonders unerfahrene Trainer und Lehrer ohne spezielle Ausbildung eine Hemmschwelle dabei, neue Inhalte in ihr Training aufzunehmen. Sie vertrauen auf Bewährtes und Bekanntes. Dies verhindert jedoch eine Weiterentwicklung der Trainingsmethoden und -inhalte. Mit diesem Buch möchte ich die große Zahl der ehrenamtlichen Trainer und ganz besonders auch die Lehrer ermutigen, die hier vorgestellten Übungen auszuprobieren und zu einem Bestandteil ihres Trainings bzw. Unterrichts zu machen. Ebenso liegt mir am Herzen, Trainer aller Leistungsstufen dazu zu motivieren, sich mit dem Thema Koordinationstraining näher zu beschäftigen und die Fußballer umfassend auszubilden.

Die schwierigen Bewegungsaufgaben sollte man vorher selbst ausprobieren, doch kein Fußballer verlangt, dass der Trainer alle Bewegungen perfekt vormachen kann. Häufig reicht eine Beschreibung der Übung aus, die dann von den Spielern im Allgemeinen schnell umgesetzt werden kann.

Es würde mich sehr freuen, wenn ich mit diesem Buch einen weiteren Beitrag dazu leisten könnte, die Ausbildung des Fußballnachwuchses vielseitiger und systematischer zu gestalten und den Trainern aller Leistungsstufen wertvolle Anregungen zu einem abwechslungsreichen Koordinationstraining zu geben.

Ihr
Peter Schreiner

Schlüsselfähigkeit Koordination

Faszination großer Spielerpersönlichkeiten

Was sind die Gründe dafür, dass man sich an einen Fußballspieler auch noch nach Jahren oder Jahrzehnten erinnert? Was macht ihn zu einer Legende? Eines dürfte klar sein: Fußballidole zeichnen sich *nicht* durch ihre Kondition aus. Vielmehr sind es andere Qualitäten, die einen durchschnittlichen Fußballer zu einer Spielerpersönlichkeit machen. Franz Beckenbauer, Johan Cruyff, Pelé und vergleichbare Ausnahmefußballer hatten eine sehr hohe Spielintelligenz und außergewöhnliche Technik – und Gleiches gilt für die aktuellen Fußballidole. Sicherlich hatten und haben diese Spieler auch eine gute konditionelle Basis, das ist klar, doch darüber hinaus waren sie vor allem in der Lage,

- Spielsituationen blitzschnell richtig zu analysieren, zu «lesen»,
- schnell taktisch kluge Entscheidungen zu treffen und
- die taktischen Entscheidungen mit hervorragenden technischen Möglichkeiten zu realisieren.

Welche Fähigkeiten sind dazu notwendig? Um ein Spiel lesen und «genial» agieren zu können (Spielübersicht und Antizipation), ist ein hervorragendes Ballgefühl (sichere Ballan- und -mitnahme, gutes Timing, gefühlvolle Pässe in den Raum) zwingend notwendig, damit die Aufmerksamkeit nicht nur dem Ball gehört. Spektakuläre Tricks runden das Bild ab und schaffen Situationen, die die Zuschauer zum Staunen bringen. Eine überdurchschnittliche Wahrnehmung schafft die Voraussetzungen zu einer enormen Handlungsschnelligkeit auch in komplexen Situationen. Anders ausgedrückt: *Ausnahmefußballer haben hervorragende koordinative Fähigkeiten.*

Notwendigkeit eines Ergänzungstrainings

Warum hat das Koordinationstraining in den letzten Jahren einen solch großen Stellenwert im Fußball eingenommen? Die Erlebniswelt der Kinder hat sich in den letzten Jahrzehnten enorm geändert:

- Wichtige Bewegungserfahrungen (z. B. Klettern, Rollen, Hüpfen, Springen, Balancieren) werden selten in ausreichender Form gemacht.
- Die Kinder leiden häufig unter Bewegungsmangel und haben in der Folge auch große Defizite im Bereich der Koordination.

Diesen Mangel sollten Lehrer an den Schulen und Fußball-Trainer in den Vereinen durch koordinative Ergänzungsübungen ausgleichen.

Koordinationstraining und Leistungssport

Nicht jedes Kind kann ein Ausnahmefußballer werden, doch durch eine systematische und qualifizierte Förderung möglichst vieler Nachwuchsspieler kann die breite Basis entstehen, die dazu notwendig ist, dass die vorhandenen Talente eine Chance haben, ihr volles Potential zu entwickeln. Nicht nur Ajax Amsterdam, sondern auch einige Bundesligavereine wie z. B. der FC Schalke 04 haben schon länger ein *allgemeines* und *fußballspezifisches Koordinationstraining* für ihren Nachwuchs eingerichtet, weil man erkannt hat, dass koordinative Fähigkeiten eine wichtige Leistungsvoraussetzung für das Erreichen von Spitzenleistungen sind.

Ein allgemeines und vielseitiges Koordinationstraining gehört auf jeden Fall in die Grundausbildung des Fußballnachwuchses, doch die Notwendigkeit eines ergänzenden Koordinationstrainings erstreckt sich auf alle Alters- und Leistungsbereiche. Je nach Leistungsstand und Altersstruktur der Gruppen verändern sich Schwerpunkte und Zielsetzung. Während z. B. neunjährige Kinder möglichst vielseitige Bewegungsaufgaben aus dem allgemeinen Koordinationstraining benötigen, sollten Leistungsfußballer sicher beherrschte Fußballtechniken im Rahmen des Koordinationstrainings unter verschiedenen Rahmenbedingungen (z. B. Zeit- oder Situationsdruck) anwenden.

Koordination trainieren

Koordination als Basis des Erfolges

Eine große Anzahl von Muskeln ist notwendig, damit der Körper sportliche Bewegungen zielgerecht, schnell, kraftvoll und ausdauernd ausführen kann. Daher sollten die Muskeln des Fußballers durch ein hervorragend ausgeprägtes Nervensystem gesteuert werden. Das exakte Zusammenwirken der Skelettmuskulatur mit dem Zentralnervensystem wird durch Prozesse im Körper gesteuert und kontrolliert, die im Begriff Koordination zusammengefaßt sind. Die Bezeichnung Koordination ist jedoch sehr vielschichtig.

Im Wesentlichen geht es um das *Lernen, Steuern* und *Anpassen* von Bewegungen. Fußballer sollten in der Lage sein, neue Techniken schnell zu lernen, ökonomisch und präzise zu steuern und an unvorhersehbare Ereignisse sicher anzupassen. Koordinativ gut geschulte Spieler beherrschen die gelernten sportlichen Bewegungen auch noch unter Zeitdruck, in Bedrängnis (Gegnerdruck) oder auf engem Raum (Raumdruck).

Koordinative Fähigkeiten

Bevor wir uns dem Training der koordinativen Fähigkeiten zuwenden, sollten uns kritisch die folgenden Fragen beschäftigen:

- Gibt es übergeordnete Fähigkeiten, die für alle Sportarten und sportliche Aufgaben gelten?
- Sind Reaktionszeiten in der Leichtathletik, im Fußball und in Reaktionstests mit elektronischen Maschinen durch *ein und dieselbe* Fähigkeit bestimmt?
- Ist z. B. die Gleichgewichtsleistung auf einem Wackelbrett eng verbunden mit den Gleichgewichtsanforderungen, die an einen Fußballer gestellt werden?

Es bestehen berechtigte Zweifel, dass es Fähigkeiten gibt, die völlig unabhängig von der Sportart trainiert werden können (vgl. Neumaier 1999, 93 ff.). Das komplexe Reagieren in einem Fußballspiel mit vielen Wahrnehmungskomponenten und Erfahrungsanteilen (Antizipationsmöglichkeiten) ist sicher nicht mit der Reaktion auf ein einfaches Signal wie einen Startschuss oder dem so genannten «Fallstabtest» zu vergleichen. Daher sollten die koordinativen Fähigkeiten nicht losgelöst von den Bedingungen und notwendigen Anforderungen der Sportart verbessert werden.

Welche koordinativen Fähigkeiten sind besonders für Fußballer wichtig?

- räumliche Orientierungsfähigkeit (z. B. das Erfassen der eigenen Position auf dem Spielfeld in Bezug zu den Mit- und Gegenspielern, selbst nach Drehungen),
- kinästhetische Differenzierungsfähigkeit (z. B. das Ballgefühl),
- Gleichgewichtsfähigkeit (z. B. die stabile Körperhaltung trotz Bedrängnis durch einen Gegenspieler),
- Reaktionsfähigkeit (z. B. das schnelle Reagieren bei einem Abpraller vom Torwart mit erfolgreichem Torabschluss) und
- Rhythmisierungsfähigkeit (z. B. der explosive Start nach einem Sprung zum Kopfball oder das elegante Dribbling nach einer Finte).

In der Literatur werden häufig auch die folgenden koordinativen Fähigkeiten und Komponenten genannt, die hier nicht näher erläutert werden:

- Motorische Anpassungs- und Umstellungsfähigkeit,
- Kombinations- und Kopplungsfähigkeit,
- Bewegungsgefühl,
- Geschmeidigkeit,
- Antizipationsfähigkeit und
- motorische Speicherfähigkeit.

Koordinationstraining im Fußball

Wie lassen sich nun all diese Fähigkeiten und Komponenten trainieren? Welche Konsequenzen hat dies für das Training mit Fußballern? Bewegungskoordination enthält einen hohen Anteil an Wahrnehmung, Bewegungsvorstellung (gedankliche Vorwegnahme, Erahnen von Veränderungen) sowie Konzentration.

Im *allgemeinen Koordinationstraining* sollten Kinder so früh wie möglich lernen, ihren Körper auf vielfältige Weise präzise zu bewegen. Je vielseitiger die Bewegungserfahrungen in der Kindheit sind, desto besser können Fußballer ihre Muskulatur mithilfe ihres Nervensystems steuern. Zahlreiche Übungsbeispiele finden Sie im entsprechenden Abschnitt «Allgemeines Koordinationstraining» ab Seite 16. Bei der Trainingsgestaltung ist dabei vor allem eines zu beachten: Koordinationstraining ist «**nicht** stereotypisches, stumpfsinniges oder abgelenktes Wiederholen von Bewegungen, sondern stellt eine motivierte und konzentrierte, abwechslungsreiche Bewegungstätigkeit dar» (Neumaier 1999, 87).

Mit zunehmendem Alter und mit der steigenden Leistungsfähigkeit der Fußballer sollte der Anteil des *fußballspezifischen Koordinationstrainings* größer werden. Die typischen Anforderungen des Fußballspiels an die Sportler sollten zunehmend im Mittelpunkt des Koordinationstrainings stehen. Wichtig: Nach einem variantenreichen Grundlagentraining mit allgemeinen Koordinationsübungen sollten Fußballer auf jeden Fall auch ein effektives Koordinationstraining mit fußballspezifischen Bewegungen (Techniken) unter erschwerenden Bedingungen anschließen. Das bedeutet konkret, dass die Spieler beherrschte Techniken unter vorgegebenen Zusatzaufgaben, Belastungen oder veränderten Rahmenbedingungen anwenden. Der Trainer könnte z. B. unterschiedliche Schrittlängen und -frequenzen mithilfe von Stangen und Reifen vor oder nach der Anwendung von Fußballtechniken vorgeben oder die Spieler bei der Ausführung unter Zeitdruck setzen. Im Abschnitt «Spezielles Koordinationstraining für Fußballer» ab Seite 85 wird dieses Thema ausführlich behandelt.

Zusammenfassend gilt: Koordination ist die Schlüsselfähigkeit für erfolgreiches Handeln im Sport und sollte daher einen besonderen Stellenwert im Training erhalten!

Allgemeines
Koordinationstraining

Grundlagen

Koordination und Nervensystem

Kinder sollten so früh wie möglich lernen, ihren Körper auf vielfältige Weise präzise zu bewegen. Je vielseitiger ihre Bewegungserfahrungen in der Kindheit sind, desto besser können sie später ihre Muskulatur mithilfe ihres Nervensystems steuern. «Koordinativ besser befähigte Kinder und Jugendliche erreichen bei gleichem, mitunter sogar geringerem konditionellen Potential höhere körperlich-sportliche Leistungen. Nur die Sportler mit gut ausgeprägten koordinativen Fähigkeiten können ihre konditionellen Fähigkeiten optimal in entsprechenden Leistungen zur Wirkung bringen» (Hirtz 1985, 26).

Laufkoordination für Fußballer

Der moderne Fußball zeichnet sich durch ein hohes Spieltempo aus. Die Spieler stehen nicht nur bei Aktionen mit dem Ball unter Zeitdruck, vielmehr sind auch plötzliche Richtungswechsel, rasante Sprints in den freien Raum, blitzschnelles Umschalten von Abwehr auf Angriff gefordert, um erfolgreich Fußball zu spielen. Die Anforderungen an die Fußballer sind so hoch, dass eine spezielle und systematische Schulung der Laufkoordination, insbesondere der Lauftechnik und des Laufrhythmus, unbedingt notwendig erscheint.

Welche Besonderheiten hat das Training der Laufkoordination für Fußballer? Die Laufleistung eines Fußballers unterscheidet sich erheblich von der eines Leichtathleten. Sprünge, Drehungen, Richtungsänderungen, Aktionen am Ball sowie Zweikämpfe vor oder nach einem Sprint erfordern ein ständiges Anpassen der Schrittlänge und der Schrittfrequenz an die sehr unterschiedlichen Spielsituationen. Dies macht eine variable, flexible und zweckmäßige Anwendung der Lauftechniken im Spiel notwendig.

Das gezielte Training der Laufkoordination erfordert eine Schwerpunktsetzung innerhalb der Trainingseinheiten. Die «*schnelle Fußarbeit*», das blitzschnelle Zusammenspiel von Nerven und Fußmuskulatur, steht bei vielen Übungen im Vordergrund. Kleine, flinke Schritte sorgen dafür, dass der Spieler den Ball in jedem Augenblick sicher annehmen und die Bewegungsrichtung frei wählen kann. Dabei sollte er ständig Kontakt zum Boden halten. Dies ermöglicht ihm, den Körper zu kontrollieren und schnell in jede beliebige Richtung zu beschleunigen. Außerdem schafft eine hervorragende Fußarbeit die Voraussetzung für eine gute Schusstechnik, denn das ständige Anpassen des Abstandes zum Ball bringt die beste Schussposition. Die Veränderung der vorgegebenen *Schrittfrequenz* und der *Schrittlänge* in unterschiedlichen Übungsformen versetzt den Spieler in die Lage, die Laufgeschwindigkeit auf die Erfordernisse der Spielsituation anzupassen. Der kraftvolle, lang gezogene Sprint über die Außenposition erfordert eine völlig andere Lauftechnik als die leichtfüßige Richtungsänderung und der kurze Sprint auf engem Raum. Die Spieler sollten auch imstande sein, aus einem Zweikampf mit kleinen Schritten schnell in einen lang gezogenen Sprint überzugehen.

Koordination und Kraft

In diesem Kapitel finden Sie auch Trainingsformen mit beidbeinigen und einbeinigen *Prellsprüngen*. Besonders die Kombination aus Springen und Laufen nimmt einen großen Stellenwert im allgemeinen Koordinationstraining ein.

Fußballspieler sollten in der Lage sein, Lauf- und Sprungbewegungen mit Fußballtechniken rhythmisch zu verbinden, ohne dabei ins Stolpern zu geraten. Im Fußball entscheidet häufig eine kurze explosive Beschleunigung über den Erfolg einer Aktion – dies ist eng verbunden mit der Kraft der Beinmuskulatur: Alle Einheiten jedes einzelnen Muskels sollten gut aufeinander abgestimmt aktiviert werden können, damit sie ihr gesamtes Energie- und Kraftpotential ausschöpfen können. Diese *intramuskuläre Koordination* zeigt sich u. a. in der Fähigkeit, die persönliche Maximal- und Schnellkraft voll entwickeln zu können. Auch das gute Zusammenspiel von Muskeln, die sich kraftvoll und gut dosiert zusammenziehen (Agonisten) mit ihren Gegenspielern, die parallel dazu der Bewegung gezielt entgegenhalten (Antagonisten), die *intermuskuläre Koordination*, entscheidet über Schnelligkeits-, Kraft- und Ausdauerleistung der Spieler.

Koordination und Ausdauer

Ein ökonomischer Einsatz der an der Bewegung (z. B. Laufen) beteiligten sowie die gleichzeitige Entspannung der unbeteiligten Muskeln führt zu einer Energie sparenden sportlichen Tätigkeit. Somit wirkt sich die Verbesserung der *intra*- und *intermuskulären Koordination* auch direkt auf die Ausdauerleistung der Spieler aus.

Koordinatives Aufwärmen

Schon in der Aufwärmphase sollten leichte koordinative Aufgaben enthalten sein. Dies können z. B. Übungen zur Lauftechnik (siehe Seite 72), zur Verbesserung der Laufkoordination oder ungewöhnliche Fortbewegungsarten mit einem oder mit mehrere Bällen sein. Im Kinder- und Jugendtraining dürfen kleine Dribbelspiele nicht fehlen, die der Verbesserung der allgemeinen koordinativen Fähigkeiten dienen und darüber hinaus auch riesigen Spaß vermitteln.

Für die Motivation der Spieler ist es besonders wichtig, dass der Trainer den Organisationsrahmen für Aufwärmübungen sowie die Aufgabenstellungen ständig variiert. Je abwechslungsreicher die Aufwärmprogramme, desto größer ist der Trainingserfolg auch im Bereich der koordinativen Fähigkeiten.

Zwei Organisationsformen haben sich sowohl im Kindertraining als auch im Training mit Erwachsenen bewährt:
- *Reißverschluss*
- *Läufe im Quadrat*

Zudem bieten *Partnerläufe* eine weitere interessante Übungsform.

REISSVERSCHLUSS

Motivierendes Aufwärmen sollte Spaß machen, auf den Hauptteil des Trainings vorbereiten und auch koordinative Aufgaben enthalten. Der «Reißverschluss» schafft einen hervorragenden Rahmen für ein abwechslungsreiches Aufwärmen nicht nur mit Kindern. Er bietet dem Trainer reichlich Gelegenheit, um Übungen aus dem Bereich der Laufkoordination und Aufgaben mit dem Ball zu verbinden. Dadurch verbessern die Spieler die Fähigkeit, Handlungen mit und ohne Ball sowie das Lauftempo auf ihre Mitspieler auszurichten.

Zwei unterschiedliche *Trainingsschwerpunkte* sind möglich:
- Auf den Längsseiten erfüllen die Spieler Einzelaufgaben mit und ohne Ball.
- Auf den Diagonalseiten folgen die typischen «Reißverschlussübungen».

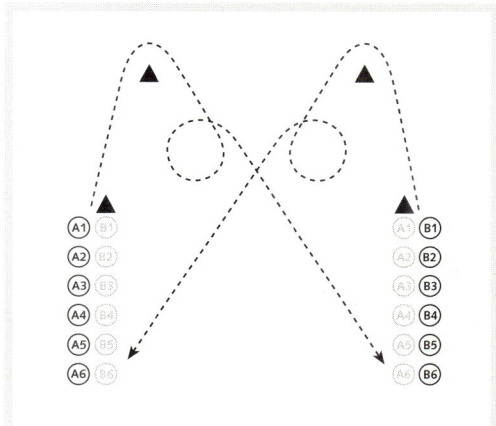

Reißverschluss: ideale Organisationsform für das koordinative Aufwärmen

Auf den Längsseiten

Übungen ohne Ball Verschiedene Übungsformen zur Lauftechnik (siehe Seite 72) sorgen für ein intensives Aufwärmen und sind koordinativ anspruchsvoll.
- Ruhiges Anfersen (Füße zum Gesäß)
  - mit beiden Füßen im Wechsel
  - nur rechts mit Zwischenschritten
  - nur links mit Zwischenschritten
- Schnelles Anfersen

- Laufen mit Fußgelenkeinsatz
  - ohne Raumgewinn
  - mit Raumgewinn
- Hopserlauf
- Sidesteps
- Kniehebelauf
- Skippings (schnelle Beinbewegungen, Knie bis zur Waagerechten)
  - beidbeinig
  - nur rechts / links mit Zwischenschritten
  - «Storchenlauf» (Skippings mit starkem Unterschenkeleinsatz)
- Knie hoch und Hände in Vorhalte
- Kreuzschritte (nur vorne oder vorne / hinten im Wechsel)

Übungen mit Ball Die Spieler stimmen ihr Lauftempo auf die Gruppe ab und halten den richtigen Abstand zueinander ein. Der Trainer gibt das Tempo vor. Dem ersten Spieler der Gruppe kommt eine besondere Rolle zu, denn er hält das vorgegebene Tempo und schaut zum Führungsspieler der anderen Gruppe. Beide sorgen dafür, dass die Gruppen gleichzeitig in der Mitte ankommen und im Reißverschlussverfahren durchlaufen.

Drehungen vor dem Reißverschluss schulen die Fähigkeit, sich schnell zu orientieren und dabei die vorgegebenen Abstände durch eine ständige Kontrolle der Laufgeschwindigkeit präzise einzuhalten. Partnerübungen in der Mitte führen zu Kontakt- und Übergabephasen.

- Laufen und Ball hochwerfen / fangen
- Ball prellen
  - mit rechts
  - mit links
  - im Wechsel
- Ball führen
  - mit rechts
  - mit links
  - im Wechsel, Ballberührung bei jedem Schritt
- Seitliche Ballführung (Ball mit der Innenseite vorwärts bewegen)
- Schere, Übersteiger, Ausfallschritt mit zwei Zwischenschritten

Auf den Diagonalseiten

Einzelübungen ohne Ball Der Trainer gibt die Fortbewegungsart (z. B. Laufen vorwärts und rückwärts, Hopserlauf, Sidesteps, Kniehebelauf, Skippings) vor. Vor dem Reißverschluss in der Mitte können Zusatzaufgaben den Schwierigkeitsgrad erhöhen. Dies können z. B. Drehungen und Sprünge sein.

Schnelle Drehung Die Spieler laufen in den Reißverschluss, achten auf den richtigen Abstand zum Vordermann, drehen sich ca. 2 m vor der Mitte schnell um 360 Grad und laufen im Reißverschlussverfahren vorwärts durch das Zentrum des Quadrats.

Eine schnelle Drehung vor dem Reißverschluss schult die Fähigkeit, sich zu orientieren. Die Spieler haben die Aufgabe, den Abstand zueinander nach der Drehung schnell wieder auszugleichen und das Tempo auf die Partner der anderen Gruppe abzustimmen.

Schnelle Drehung vor der Mitte

Partnerübungen Im Zentrum des vorgegebenen Quadrats sind auch Partnerübungen möglich: Kontaktaufgaben (z. B. «Brüsteln», Händeklatschen mit einer oder mit beiden Händen), außerdem Ballübergaben mit Händen oder Füßen sowie Kombinationen aus beidem sind nur einige Beispiele, die sich beliebig erweitern lassen. Diese Übungen fördern in besonderem Maß die Fähigkeiten der Spieler, sich zu orientieren und ein gutes Timing zu entwickeln.

Fußballer sollten in der Lage sein, nach Sprüngen sicher zu landen und ihren Laufrhythmus schnell zu finden. Ein gleichzeitiges Springen mit Kontakt in der Luft und einer sicheren Landung mit anschließendem Lauf macht nicht nur sehr viel Spaß, sondern schult wichtige koordinative Fähigkeiten.

«Brüsteln»

Händeklatschen in der Mitte Die Spieler laufen gleichzeitig paarweise in die Mitte und klatschen ihre beiden Hände (oder jeweils eine Hand) mit dem Partner zusammen. Anschließend lösen sie sich schnell und laufen zum nächsten Hütchen.

Händeklatschen in der Mitte

Übungen mit Ball Beim Dribbling im Reißverschluss achten die Spieler auf einen gleichmäßigen Abstand. Dazu müssen sie den Blick vom Ball lösen und ihr Tempo auf den vor ihnen laufenden Spieler und den Partner aus der anderen Gruppe abstimmen.

- Ball tragen und in der Mitte übergeben (Gruppe A hat einen Ball, Gruppe B ohne Ball)
- Dribbling, jeder Spieler hat einen Ball (einfacher Reißverschluss mit Dribbling)
- Dribbling mit Drehung vor dem Reißverschluss
- Übergabe mit dem Fuß (Gruppe A mit Ball, Gruppe B übernimmt in der Mitte)
- Doppelte Übergabe (Gruppe A dribbelt, Gruppe B trägt den Ball)
- In der Mitte übernehmen die Spieler der Gruppe A den Ball oben mit den Händen, die Spieler der Gruppe B den Ball unten mit den Füßen.

Reißverschluss mit Dribbling

Ballübergabe am Boden

Ballübergabe am Boden und mit den Händen Ein Spieler übernimmt den Ball mit den Händen von einem Partner und gibt diesem gleichzeitig einen zweiten Ball am Boden. Diese Aufgabe erfordert volle Konzentration, damit die Spieler flüssig durch die Mitte laufen können, ohne ins Stolpern zu geraten.

Ballübergabe am Boden und mit den Händen

LÄUFE IM QUADRAT

Eine weitere interessante Organisationsform ermöglicht ebenfalls ein motivierendes Lauftraining mit größeren Gruppen: die «Läufe im Quadrat». Aus den vier Ecken eines Quadrates, dessen Längsseiten etwa 15 m betragen, starten zwei oder vier Spieler zum Zentrum und stellen sich nach Erfüllung einer Aufgabe bei der nächsten Gruppe hinten an.

- Die beiden ersten Spieler der Gruppen A und C starten gleichzeitig in Richtung Zentrum. Wenn die Spieler den Mittelpunkt erreicht haben, beginnen die ersten Spieler der Gruppen B und D usw. Alle Spieler laufen zur gegenüberliegenden Gruppe und stellen sich hinten an.
- Die Spieler der Gruppen A und C starten wie vorher, doch nun laufen sie nicht zur gegenüberliegenden Gruppe, sondern biegen gleichzeitig im Zentrum um 90 Grad nach links ab.

Variation: Vor dem Abbiegen führen die Spieler eine Drehung gegen die Laufrichtung aus.

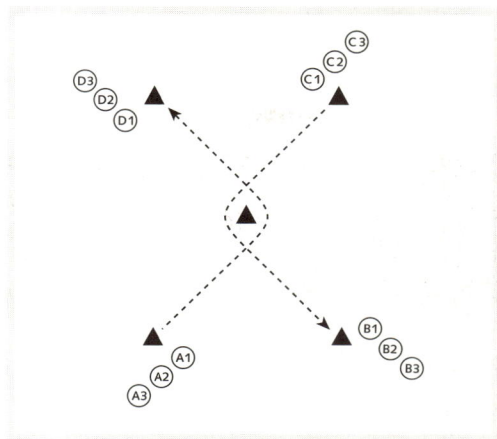

Diagonal-Läufe im Quadrat (Paare)

Viererstart In dieser Form starten die vier ersten Spieler aller Gruppen, treffen sich in der Mitte und biegen gleichzeitig um 90 Grad ab.

Variation: Vor dem Abbiegen führen die vier Spieler gleichzeitig eine Drehung gegen die Laufrichtung aus.

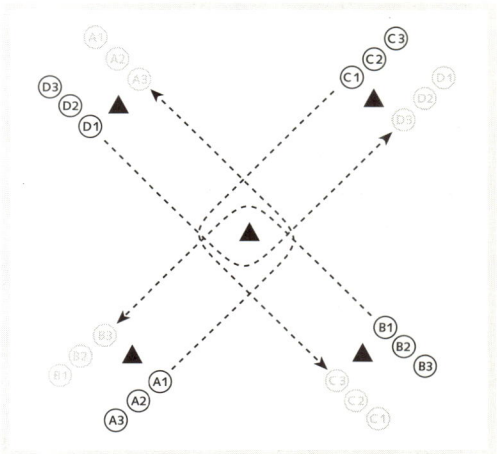

Viererstart: Die vier Gruppenersten starten gemeinsam

PARTNERLÄUFE

Partnerübungen sind im Aufwärmen sehr beliebt. Im Zusammenhang mit dem Laufen ergeben sich verschiedene Formen.

Zickzacklauf Hier haben die Spieler die Aufgabe, einen vorgegebenen Tempowechsel mit dem Partner abzustimmen.

Zickzacklauf: Trab zur Mitte, Lauf nach außen

Sidesteps mit Armbewegungen Sidesteps mit parallel ausgeführten Armbewegungen (z. B. Händeklatschen oben und unten), um das Tempo und die Präzision ihrer Körperbewegungen aufeinander abzustimmen.

Sidesteps: Händeklatschen oben und unten

Lauf- und Sprungkoordination

Die Übungssammlung in diesem Kapitel ist stark geprägt von den Organisationsformen und den eingesetzten Trainingshilfen (Stangen, Hütchen und Reifen). Sie bilden den Ordnungsrahmen für zahlreiche Bewegungsaufgaben aus dem allgemeinen Koordinationstraining.

Der Kreativität des Trainers oder Lehrers sind keine Grenzen gesetzt: Reifen und Stangen lassen sich in vielfältiger Weise kombinieren und im Raum anordnen, sodass die Lauf- und Sprungschulung der Fußballer niemals langweilig wird.

ÜBUNGEN MIT STANGEN

Stangenparcours

Die einfachste Organisationsform für das allgemeine Koordinationstraining ist der Stangenparcours. Je nach Gruppengröße und Zielsetzung sollten 1–3 Reihen aufgebaut werden, damit die Wartezeiten für die Spieler nicht zu groß sind.

- Eine Schulklasse mit ca. 30 Schülern kann Übungen zur Laufkoordination oder leichten Sprungaufgaben problemlos in drei Reihen erledigen.
- Erfahrungsgemäß fühlen sich selbst «lauffaule» Spieler bzw. Schüler bei den Aufgaben im Stangenparcours motiviert.
- Ein Fußballteam kommt häufig mit einer Reihe aus, besonders dann, wenn nach dem Parcours eine Anschlussaktion zu erledigen ist.
- Der Trainer oder Lehrer steht am besten seitlich neben dem Parcours, damit er die Aufgaben bekannt geben (eventuell vormachen) und Fehler sofort korrigieren kann.

7–10 Stangen liegen im Abstand von ca. 50–60 cm auf dem Boden bzw. auf kleinen oder großen Hütchen.

- Beinlänge und Aufgabenstellung sollten bei den Abständen der Stangen berücksichtigt werden.
- Die Abstände sollten ständig variiert werden.
- *Wichtig:* Die Spieler beginnen die Laufübungen sowohl mit links als auch mit rechts.

Das Anforderungsniveau kann je nach Beinlänge der Spieler variiert werden:

- *Höhe der Stangen oder Hütchen:* Anfänger und Kinder bis zum Alter von acht Jahren führen die Übungen eher mit Stangen aus, die auf dem Boden liegen. Fortgeschrittene und ältere Spieler sollten aber auch mit Hindernissen unterschiedlicher Höhe trainieren.
- *Tempo der Ausführung:* Je sicherer die Spieler sind, desto schneller sollten sie die Bewegungen ausführen.
- *Aufgabenstellung:* Je komplexer und ungewohnter die Aufgabe, desto größer ist das Anforderungsniveau.
- *Störmanöver:* Bei der Bewältigung von Aufgaben in einem Parcours können einige Spieler durch Armbewegungen und/oder Geräusche stören.

Laufformen

- Vorwärts: 1 Kontakt
- Vorwärts: 2 Kontakte
- Seitwärts: 1 Kontakt
- Seitwärts: 2 Kontakte
- Rückwärts: 1 Kontakt
- Rückwärts: 2 Kontakte
- Hopserlauf
- Kreuzschritte vorne
- Kreuzschritte vorne und hinten im Wechsel

Zusatzaufgaben für die Arme Das Laufen im Stangenparcours wird erschwert, wenn die Arme nicht die gewohnte Stabilität vermitteln, indem sie sich dem Lauf-rhythmus anpassen. Die Spieler sollten daher ständig wechselnde Zusatzaufgaben für die Arme erfüllen.

- Arme in Seithalte
- Arme in Hochhalte
- Arme in Vorhalte
- Arme auf den Rücken
- Bewegungen mit den Armen (z. B. Boxbewegungen)

Laufen mit Zusatzaufgabe: Arme in Seithalte

Skippings seitwärts Schnelle seitliche Schritte verbunden mit dem dynami-schen Anheben der Knie können mit zwei oder mehr Kontakten ausgeführt wer-den. Dabei sollte der Trainer darauf achten, dass die Spieler auf den Fußballen nicht stampfen, sondern laufen. Der Start mit dem rechten oder linken Fuß gilt als neue Aufgabe.

Methodischer Hinweis: Es beginnt jeweils der Fuß, der der ersten Stange am nächsten ist. Der Trainer sollte die Seite des Stangenparcours wechseln und die Spieler auffordern, sich zu ihm zu drehen – dann starten sie automatisch mit dem richtigen Bein.

- Beginn mit links
- Beginn mit rechts
- Richtungswechsel: drei Stangen vor, eine zurück
- Richtungswechsel: zwei Stangen vor, eine zurück

Skippings seitwärts mit zwei Kontakten

Laufen rückwärts In jedem Fußballspiel kommen Situationen vor, in denen die Spieler rückwärts laufen und gleichzeitig die Spielsituation beobachten müssen. In dieser Übung laufen die Spieler rückwärts, ohne die Stangen zu berühren, die sie durch einen Blick über die Schulter wahrnehmen.

Laufen rückwärts: Blick über die Schulter

Slalom Die Stangen bieten auch eine ideale Möglichkeit, Slalomläufe mit kurzen und schnellen Sidesteps auszuführen.

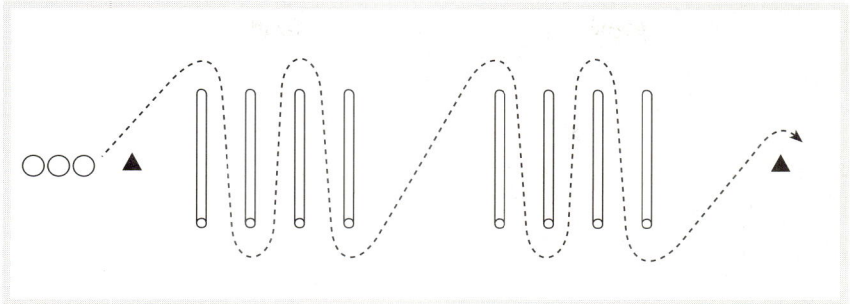

Kreuzschritte Bei der Ausführung der Kreuzschritte kann der hintere, der Bewegungsrichtung abgewandte Fuß entweder nur vorne oder im Wechsel vorne und hinten kreuzen.

Kreuzschritte: Vorderen Fuß über Kreuz in den nächsten Zwischenraum führen

Variation: Unterschiedliche Armhaltungen und -bewegungen erhöhen das Anforderungsniveau.

Kreuzschritte: Arme in Seithalte, Arme in Hochhalte

Beidbeinige Prellsprünge Die Sprünge werden prellend mit kurzem Bodenkontakt ausgeführt. Dabei sollen die Spieler locker auf den Fußballen landen.

Beidbeinige Prellsprünge

Variationen
- Prellsprünge vorwärts: 2 Kontakte /
  1 Kontakt
- Prellsprünge rückwärts: 2 Kontakte /
  1 Kontakt
- Prellsprünge seitwärts: 2 Kontakte /
  1 Kontakt
- Prellsprünge seitwärts: 1 Kontakt, Stange
  zwischen den Füßen
- Prellsprünge: 3 vorwärts, 1 rückwärts
- Prellsprünge vorwärts: 1 Kontakt, Arme
  in Seit-, Vor- oder Hochhalte

Einbeinige Prellsprünge Einbeinige Prellsprünge üben eine hohe Belastung auf die Fuß- und Kniegelenke aus und sollten nur dann eingesetzt werden, wenn die Muskulatur gut ausgeprägt ist. Ein Wechsel von links auf rechts ist unbedingt anzuraten. Es sollten auf keinen Fall zu viele Sprünge mit einem Bein ausgeführt werden.

Einbeinige Prellsprünge

Wechsel von ein- und beidbeinigen Prellsprüngen Rhythmisch schwierig sind Wechsel von einbeinigen und beidbeinigen Prellsprüngen.
- links, beidbeinig, rechts, beidbeinig usw.
- links, links, beidbeinig, rechts, rechts, beidbeinig usw.

Hopserlauf, kraftvoller Armeinsatz

Hopserlauf Der Hopserlauf bereitet einigen Fußballern Schwierigkeiten. Wenn ein Stangenparcours dann noch die Schrittlänge vorgibt, haben sehr viele Spieler große Probleme, im Rhythmus zu bleiben. Wenn der Bewegungsrhythmus sicher ist, sollte der Trainer auf den kraftvollen Einsatz der Arme achten.

Partnerübungen

Im Stangenparcours sind auch Partnerübungen möglich. Ein Spieler gibt das Startzeichen und beide versuchen, möglichst synchron durch den Parcours zu laufen oder zu springen.

Aufgaben
- Geradliniges Durchlaufen (z. B. Sidesteps, Kreuzschritte)
- «Durchhüpfen» (seitliches beidbeiniges Hüpfen)
- Richtungswechsel mit einem Tap-Schritt:
    - Schritte sind vorgegeben, die Partner sollen möglichst synchron laufen
    - ein Spieler gibt plötzliche Richtungswechsel vor, der Partner soll präzise und schnell reagieren
- Nach der letzten Hürde könnte eine Anschlussaktion folgen:
    - ein Sprint sofort nach Überwinden der letzten Hürde
    - ein Sprint auf Zeichen eines Spielers
    - eine Drehung mit anschließendem Sprint
    - ein Sprint mit anschließendem Torschuss

Partnerübungen im Stangenparcours

Variation: Es sind auch kleine Reaktionsspiele möglich. Ein Spieler bestimmt, wann eine Richtungsänderung im Parcours gemacht wird. Dabei ist unbedingt darauf zu achten, dass der Abstand des folgenden Paares groß genug ist oder jedes Paar einen eigenen kleinen Parcours erhält.

Anordnung der Stangen (kleinen Hürden)

Beim Koordinationstraining ist es sehr wichtig, variable Bedingungen zu schaffen. Das bedeutet für den Stangenparcours, dass der Trainer die Abstände und die Anordnung der Stangen ständig variieren sollte. Dabei gibt es folgende Variationsmöglichkeiten.

Gleichmäßige Veränderung der Abstände Alle Hürden haben bei den ersten Durchgängen einen Abstand von 40 cm. Im nächsten Durchgang oder in einem zweiten Parcours sind die Hürden 50 cm oder 60 cm voneinander entfernt. Aus organisatorischen Gründen können (falls ausreichend viele Stangen vorhanden sind) mehrere Parcours aufgebaut werden. Ein ständiger Wechsel von Parcours zu Parcours fordert Laufbewegungen mit ständig wechselnden Schrittlängen.

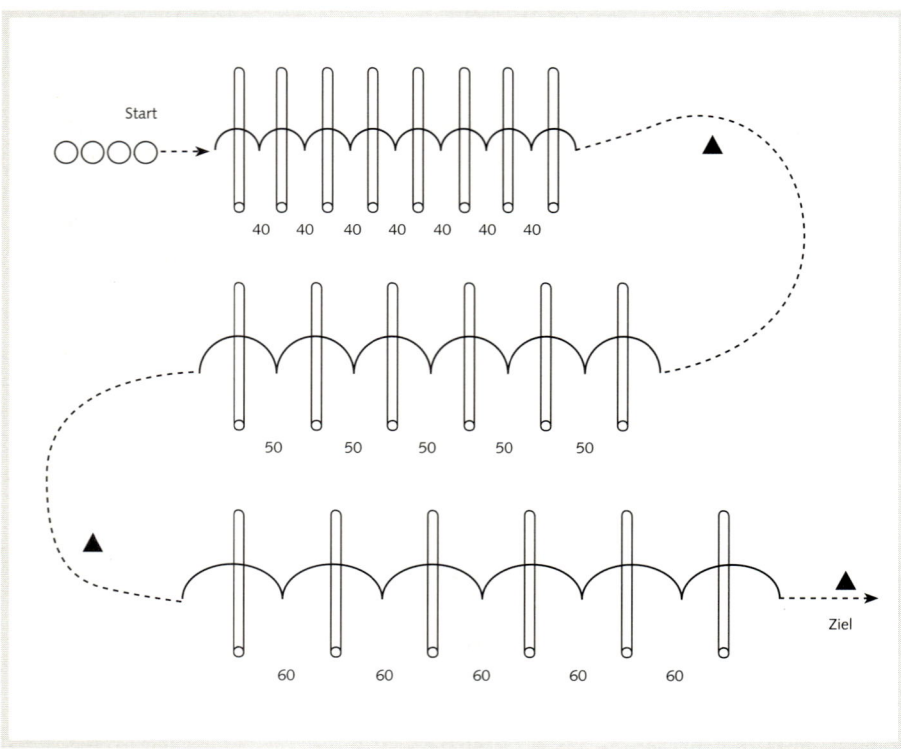

Dynamische Veränderung der Abstände Der Abstand zwischen den ersten beiden Hürden beträgt z. B. 40 cm und steigt dynamisch um 5 cm, bis der Abstand in einen Grenzbereich kommt, den die Spieler gerade noch bewältigen können.

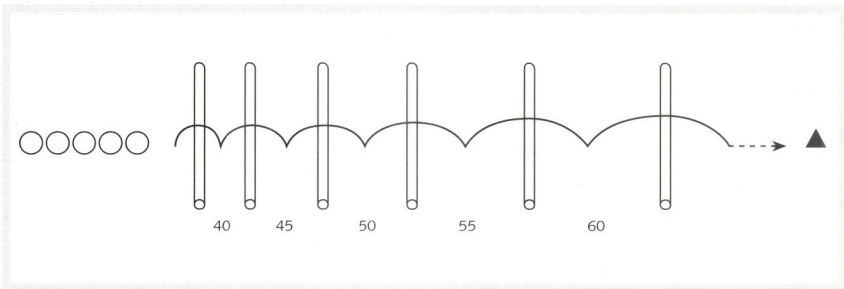

Großer Abstand für Zwischenschritte Der Abstand zwischen den kleinen Hürden kann auch so groß gewählt werden, dass die Spieler selbständig die Schrittlänge zwischen den Hürden gestalten müssen (ähnlich einem Hürdenläufer). Die mögliche Anzahl der Schritte wird durch die Größe des Abstandes vorgegeben. Innerhalb einer Übung mit den gleichen Abständen sollte der Trainer jedoch auch eine unterschiedliche Anzahl von Schritten fordern, damit sich die Spieler ständig umstellen müssen. Wenn die Anzahl einmal gerade und dann ungerade ist, ändert sich der Fuß, der zuerst über die Hürde geführt wird.

- *Schrittfolge: rechts* – zwei – drei – vier – *rechts* – zwei – drei – vier – *rechts* … usw.
- *Schrittfolge: rechts* – zwei – drei – *links* – zwei – drei – *rechts* – zwei – drei – *links* … usw.

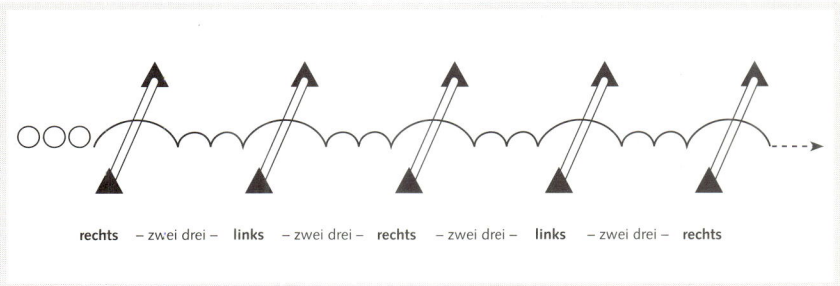

Wechsel von hohen und flachen Hürden In regelmäßigen Abständen können höhere Hürden (25–30 cm) mit flacheren Hürden (10–20 cm) oder Stangen, die auf dem Boden liegen, abwechseln.

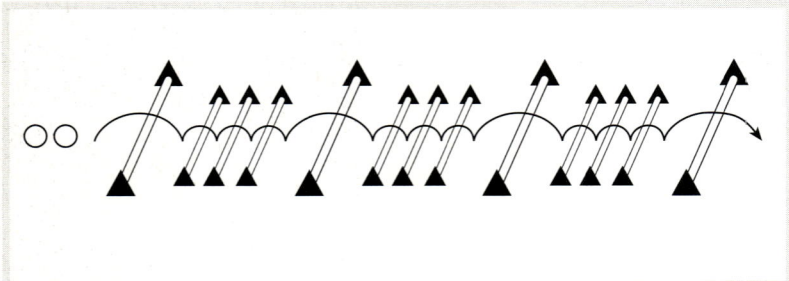

Stangenparcours mit Lücken Wenn die Stangen im Parcours mit einer Lücke von 5–7 m angeordnet sind, kann der Trainer in der Mitte Zusatzaufgaben vorgeben.

Zusatzaufgaben im Zwischenraum

Drehung in der Mitte Drehrichtung jeweils nach links und rechts.

- Ganze Drehung (360 Grad), vorwärts weiter
- Halbe Drehung (180 Grad), rückwärts weiter

Drehung in der Mitte

Sprint zum Hütchen Drehung nach außen, Berührung des Außenhütchens und Lauf zurück zum Mittelpunkt, anschließend Fortsetzung im Parcours (hier: Sidesteps). Diese Form lässt sich durch Zusatzaufgaben erweitern.

- Lauf zum Hütchen nach optischem / verbalem Signal nach rechts oder links
- Schnelle Drehung 270 Grad, Lauf zum Hütchen

Sprint zum Seithütchen

Zickzacksprint zwischen den Hürden Die schnellen Schrittfolgen über die Hürden können durch einen für den Fußball wichtigen Zickzacksprint ergänzt werden. Die Spieler können die Hütchen mit den Händen oder den Füßen berühren oder gegen die Laufrichtung drehen.

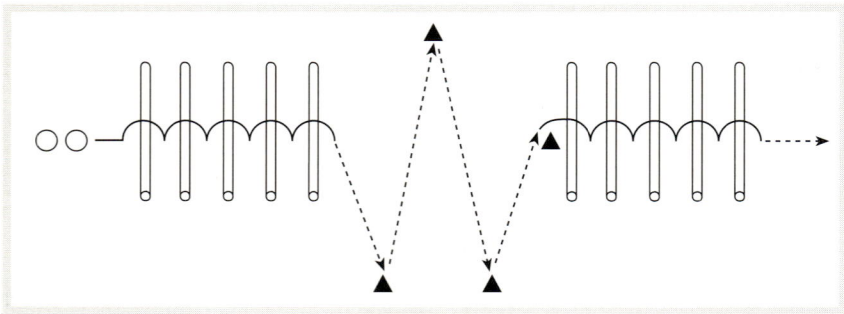

Andere Organisationsformen mit Stangen

Kombination aus Quer- und Längsstangen

Die Kombination von Quer- und Längsstangen bietet die Möglichkeit, die Aufgabenstellung weiter zu variieren. 2–5 Stangen liegen im Abstand von ca. 50–60 cm auf dem Boden. Es folgen im Mittelbereich 2–3 Längsstangen und zum Schluss wieder 2–5 Querstangen.

Lauf- und Sprungformen

- Schneller Zickzacklauf
- Schnelle Zickzackprellsprünge vorwärts
- Sidesteps in Vorwärtsbewegung
- Sprint (Stangen zwischen den Füßen)
- Prellsprünge (Stangen zwischen den Füßen)

Doppel-Längsstangen

In der Mitte können auch Doppel-Längsstangen liegen, die zusätzliche Aufgabenstellungen ermöglichen.

Lauf- und Sprungformen

- Schneller Zickzacklauf vorwärts
- Schnelle Zickzackprellsprünge vorwärts

Variable Anordnung der Stangen

Die Quer- oder Längsanordnung der Stangen und die Kombination mit Lücken (und später mit Reifen) bietet verschiedene Veränderungsmöglichkeiten. Der Kreativität des Trainers sind keine Grenzen gesetzt. In dieser Anordnung können z. B. beidbeinige oder einbeinige Prellsprünge mit Skippings seitwärts verbunden werden. Der erste Spieler startet nach links, der nächste nach rechts usw.

Störmanöver im Stangenparcours

Auch bei den Übungen des allgemeinen Koordinationstrainings können Störungen (Armbewegungen, Geräusche) eine erhöhte Konzentration fordern.

Störmanöver im Stangenparcours

Einzelübungen mit Stangen

In diesem Abschnitt finden Sie Übungen, in denen jeder Spieler mit einer oder mehreren Stangen trainiert. Die Spieler durchlaufen also nicht einen Stangenparcours, sondern haben ihren eigenen Übungsbereich mit jeweils speziellen Aufgaben. Die Stangen können längs oder quer postiert werden.

Organisatorischer Tipp: 2–3 Hütchen in einer Reihe können Stangen ersetzen, wenn diese nicht in ausreichender Zahl vorhanden sind.

Längsstangen

Zur Orientierung: Sidesteps sind seitliche Schritte mit einem vollen Bodenkontakt und einer Gewichtsverlagerung auf den absetzenden Fuß. *Taps* sind kurze Berührungen des Fußes auf dem Boden ohne Gewichtsverlagerung. Kleine Erhöhungen der Stangen heben den Schwierigkeitsgrad.

Lauf- und Sprungformen
- Wedeln (wie ein Skifahrer)
- Sidesteps mit und ohne Tab
- Kreuz-Wechsel-Sprünge

Kreuz-Wechsel-Sprünge: Absprungphase	Kreuz-Wechsel-Sprünge: Flugphase

Doppel-Längsstangen

Wenn zwei Stangen nebeneinander liegen, ergeben sich neue Variationsmöglich-keiten. Die Spieler starten auf einer Seite und führen die vorgegebenen Bewegun-gen (z. B. Sidesteps) über die Lücke der Stangen aus. Sowohl der Abstand als auch die Höhe der Stangen lassen sich je nach Aufgabenstellung verändern.

Sidesteps über Doppel-Längsstangen

Sidesteps mit Tap Übungen, die seitliche Stoppbewegungen und Schrittfolgen verbinden, sind für Fußballer sehr wichtig. Die Spieler lernen, eine Seitbewegung abzufangen und eine Aktion oder Reaktion zur Seite in die entgegengesetzte Richtung fortzusetzen. Dies ist besonders bei Finten (als Angreifer oder Abwehrspieler) erforderlich.

Der Spieler führt Sidesteps zwischen zwei Längsstangen aus, die er am Ende des Parcours mit Tap-Schritten beendet. Er beginnt mit dem Bein, das dem Hindernis am nächsten ist.

Schrittfolge: links, rechts–links, Tap ‹zurück› rechts, links–rechts, Tap ‹zurück›, usw. Der Richtungswechsel sollte flüssig sein.

Sidesteps mit Tap

Variationen

- Ausführung wie oben beschrieben, jedoch wird der Tap-Schritt nicht ausgeführt, sondern kurz vor dem Bodenkontakt abgefangen und in die entgegengesetzte Richtung fortgesetzt.
  Schrittfolge: links, rechts–links, rechts (an das linke Bein heranziehen – nicht absetzen!) ‹zurück› rechts, links–rechts, links (abfangen und zurückbewegen) usw.
- Beidbeinige Prellsprünge (2 Kontakte / 1 Kontakt) seitlich über die Hindernisse. Die Sprünge werden prellend mit kurzem Bodenkontakt ausgeführt. Dabei sollen die Spieler locker auf den Fußballen landen – nicht verkrampfen!
- Einbeinige Prellsprünge (2 Kontakte / 1 Kontakt). Vorsicht: Hier werden die Fußgelenke stark belastet – nur für Fortgeschrittene!

- Kombinationen / Wechsel: Sidesteps und Sprünge.
  Schrittfolge: links, rechts–links, Tap ‹zurück› rechts, links–rechts, Tap, dann Fortsetzung mit beidbeinigen Prellsprüngen nach links und zurück, dann wieder Sidesteps usw.
- Weitere Variationen sind durch verschiedene *Armhaltungen* möglich: Arme in Seit-, Vor- oder Hochhalte.

Drei Längsstangen

Mit drei Längsstangen hat man weitere Variationsmöglichkeiten und eine längere Schrittfolge.

An jedem Parcours können auch zwei oder drei Spieler üben, die sich abwechseln. Damit sind ausreichend lange Pausen gewährleistet. Außerdem können sich die Spieler auch gegenseitig korrigieren und motivieren. Wenn die Schrittfolgen sicher sind, sollten die Spieler das Tempo stetig steigern. Die Bewegungen sollten dabei aber auf jeden Fall noch präzise ausgeführt werden.

Mögliche Aufgabe: Sidesteps mit zwei Kontakten und Tap-Schritten nach dem letzten Hindernis. Der Spieler startet mit dem Bein, das dem Hindernis näher steht, d. h., er beginnt links vom Hindernis mit dem rechten Bein und rechts mit dem linken Bein.

Schrittfolge: 1, 2–1, 2–1, Tap ‹zurück› 1, 2–1, 2–1, Tap …

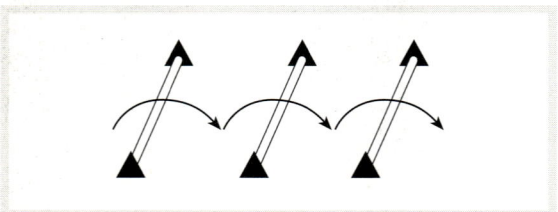

Variationen: Alle Variationen aus Parcours 1 sind auch hier möglich. Es bieten sich jedoch zusätzlich noch *Kreuzschritte* bzw. *Übersteiger* an:

Der Spieler startet mit dem Bein, das dem Hindernis weiter entfernt ist, d. h., er beginnt links vom Hindernis mit dem linken Bein und rechts mit dem rechten Bein.

Schrittfolge: kreuz, 2 – kreuz, 2 – kreuz, Tap ‹zurück›, kreuz, 2 – kreuz, 2 – kreuz, Tap …

Methodischer Hinweis: Bei dieser Übung ist es wichtig, dass die Spieler den Kreuzschritt kurz hinter dem Hindernis absetzen, damit noch genug Platz für den zweiten Schritt ist. Nach dem Tap-Schritt hinter der letzten Hütchenreihe wird die Übung sofort zurück in die entgegengesetzte Richtung fortgesetzt.

Vier Längsstangen

Die Übungen mit drei Längsstangen können auch auf vier oder fünf Stangen erweitert werden. Dabei bieten sich weitere Variationsmöglichkeiten. Z. B. sind auch Richtungswechsel innerhalb des Parcours möglich: zwei Sidesteps – ein Sidestep mit Tap zurück – dann weiter in die Ausgangsrichtung. Der Spieler wechselt hier also einmal die Richtung.

Schrittfolge: links, rechts – links, Tap – rechts ‹zurück›, Tap – links, rechts – links, Tap – rechts ‹zurück›, Tap – links, rechts – links, Tap und sofort wieder im gleichen Rhythmus zurück …

Querstangen

Lauf- und Sprungformen

- Hüpfen vor und zurück
- Wechsel-Schritt-Sprünge
- Laufen (zwei Kontakte) vor und zurück

Querstangen: Wechsel-Schritt-Sprünge

ÜBUNGEN MIT REIFEN

Reifenparcours

Reifen lassen sich sehr schnell zu unterschiedlichen Parcours anordnen. Die Reifen sollten einen Durchmesser von 50–70 cm haben. Der Trainer kann Schritt- und Sprungfolgen vorgeben, um vielseitige koordinative Aufgaben (Laufen und Springen) zu gestalten.

Lauf- und Sprungformen
- ein Kontakt
- zwei Kontakte
- vorwärts mit Richtungsänderung (z. B. drei Reifen vor, einen zurück)
- ein- und beidbeinige Prellsprünge

Laufkoordination im Reifenparcours: Laufen mit zwei Kontakten

Sprungkoordination im Reifenparcours: Beidbeinige Prellsprünge

Zusatzaufgaben für die Arme
- Arme an die Oberschenkel legen
- Arme in Seithalte
- Arme in Hochhalte
- Armbewegung wie beim Expanderziehen oder Händeklatschen
- Wechselseitiges Boxen rechts/links

- Wechselseitig einen gestreckten Arm vom Oberschenkel aus in die Waagrechte ziehen
- Armbewegung wie beim Hampelmann
- Armbewegung wie beim Hampelmann – verkehrt

Zahlreiche Anregungen zum Hampelmann («Jumping Jack») finden Sie im Abschnitt «Koordination von Armen und Beinen» ab Seite 61.

Armwechsel Das Öffnen und Schließen der Beine («Jumping Jack») wird mit einer gegenläufigen Bewegung (Arme im Wechsel hoch–herunter) kombiniert. Erst wenn die Spieler die Beinbewegung automatisch ausführen können, um sich auf die Arme zu konzentrieren, sind sie in der Lage, diese Variante korrekt auszuführen.

Armwechsel und Beinbewegung

Andere Organisationsformen mit Reifen

Grundform 1–2–1–2–1–2–1

Die Grundform für das Koordinationstraining im Reifenparcours besteht aus Einzel- und Doppelreifen, die man im Wechsel anordnet. Diese Anordnung gibt auf einfache Weise das Öffnen und Schließen der Beine vor, eignet sich aber auch für verschiedene Lauf- und Sprungaufgaben.

Lauf- und Sprungformen
- Sprünge: Öffnen – Schließen
- Laufen, 1 Kontakt
- Laufen, 2 Kontakte
- Beidbeinige Prellsprünge, 2 vor, 1 zurück

Kreuzparcours

Dieser Aufbau eignet sich vor allem zur Kombination von Vorwärts- und Seitwärtsbewegungen.

Schrittfolge: vorwärts: Laufen (2 Kontakte), seitwärts: Sidesteps nach links oder rechts, vorwärts: beidbeinige Prellsprünge (2 Kontakte).

Reifenparcours mit Lücke

Auch der Reifenparcours lässt sich mit einer Lücke (ca. 5 m) anordnen, damit im Mittelbereich eine Zusatzaufgabe gestellt werden kann. Die Aufgaben sind vergleichbar mit denen im Stangenparcours – siehe Seite 39 f. Zwei Beispiele sind hier dargestellt.

- *Schrittfolge:* Laufen: 2 Kontakte – Laufen – 90-Grad-Drehung – Hütchen berühren – 90-Grad-Drehung – Sprünge: Öffnen / Schließen.

- *Schrittfolge:* Sprünge: Öffnen / Schließen – Laufen – ganze Drehung – Laufen: 2 Kontakte.

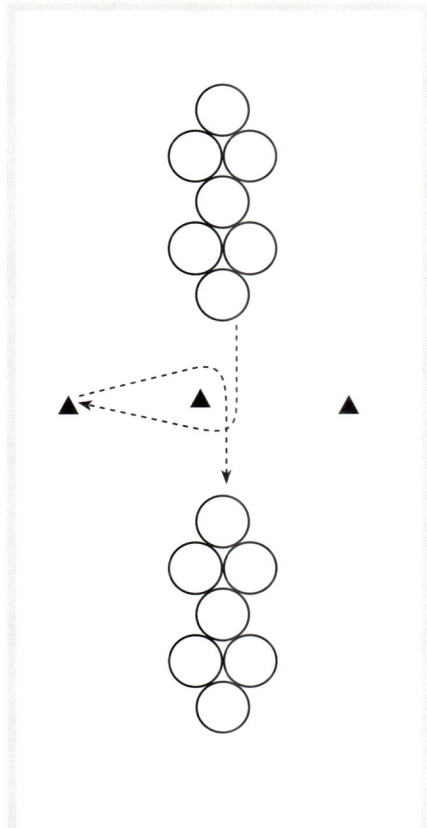
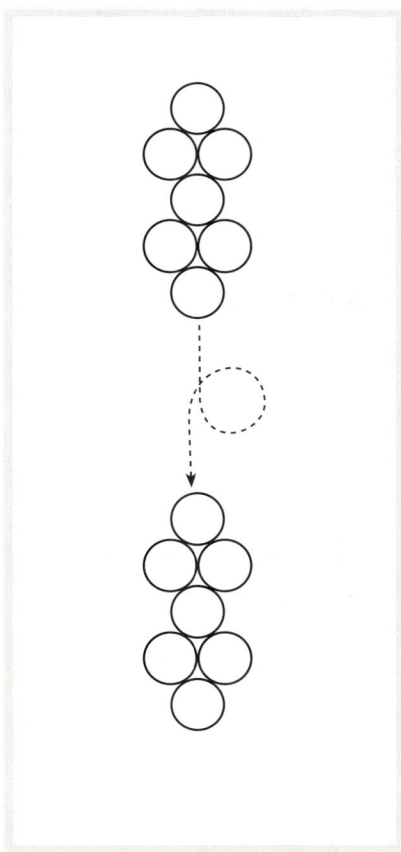

Reifenreihe

Wenn die Reifen in einer einfachen Reihe angeordnet werden, sind weitere Bewegungsaufgaben möglich. Hüpf- und Laufbewegungen kann man mit Ausfallschritten verbinden. Ausfallschritte zur Seite sollten mit einem Tap-Schritt abgefangen werden.

Schrittfolge: zwei Schritte in den Reifen – Ausfallschritt nach rechts – Tap – zwei Schritte – Ausfallschritt nach links – Tap usw.

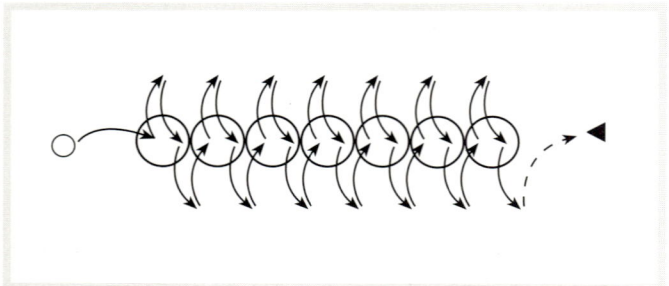

Reifenreihe: Kreuzschritte (hinten – vorne)

Reifenreihe mit Abstand der Reifen

Zwischen den Reifen sollen kleine, schnelle Schritte ausgeführt werden.

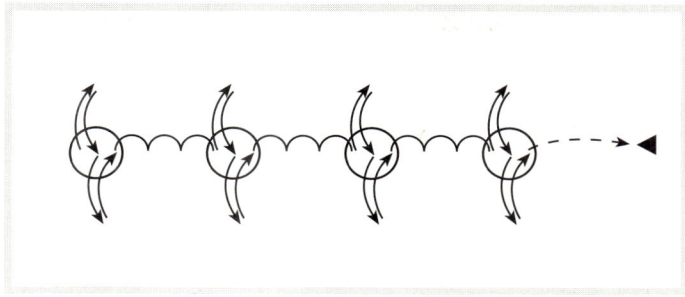

Reifenkreis

Schnelle Fuß- und Beinbewegungen lassen sich ausgezeichnet im Reifenkreis trainieren. Um einen roten Reifen sind sechs gelbe Reifen angeordnet.

Der Spieler startet aus dem Zentrum nach außen (seitlich, vor, zurück) – Reifen für Reifen in einer vorgegebenen Reihenfolge.

Lauf- und Sprungformen

- beidbeinige Prellsprünge
- einbeinige Prellsprünge
- schnelle Laufbewegungen (zwei Kontakte)
- Kreuzschritte

Diagonale Reifenreihe

Eine beliebte Anordnung für Reifen ist auch die Diagonalreihe. 3–5 Reifen werden in einer Richtung diagonal im Raum ausgelegt, an den letzten Reifen der Reihe schließt sich die nächste Diagonale in die andere Richtung an usw. Diese Organisationsform gibt Richtungsänderungen bei Prellsprüngen, Skippings oder schnellen Fußbewegungen vor. Die Variationsbreite wird noch erhöht, wenn die Spieler eine bestimmte Anzahl von Reifen vor- und dann einen Reifen zurückhüpfen (z. B. drei Reifen vor, einen zurück).

Diagonale Reifenreihe:
Prellsprünge

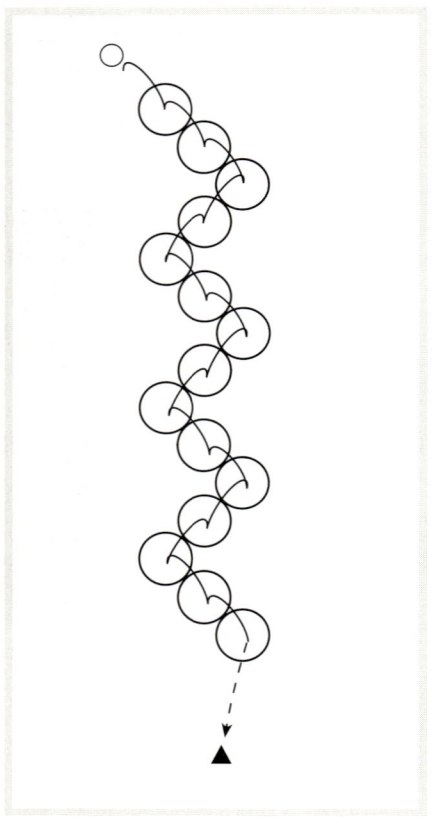

KOMBINATION VON STANGEN UND REIFEN

Stangen (Hürden) und Reifen lassen sich vielfältig variieren und kombinieren. Z. B. können Übungen mit Stangen den Auftakt bilden und dann im Reifenparcours Hampelmänner («Jumping Jacks») angeschlossen werden. Diese Organisationsform schult die Fähigkeit, sich innerhalb einer Aufgabe auf unterschiedliche Anforderungen einzustellen.

Stangen und Reifen

Aus den Bewegungen im Reifenparcours sollen die Spieler schnell in den Laufrhythmus kommen und anschließend die gestellten Aufgaben im Stangenparcours erfüllen.

Als *Aufgaben* bieten sich die Übungsformen aus dem Abschnitt «Stangenparcours» ab Seite 27 und aus dem Abschnitt «Reifenparcours» ab Seite 48 an.

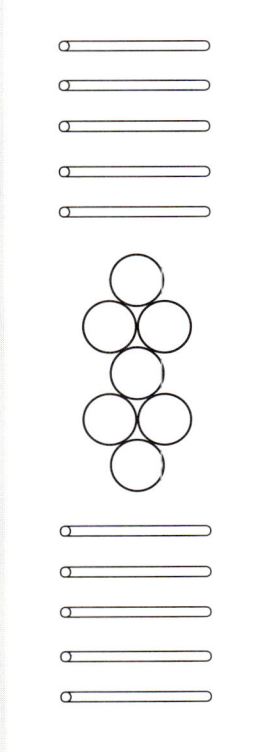

Stangen und Reifen

Reifen und Stangen

Die Spieler beginnen mit Sprüngen im Reifenparcours und versuchen, schnell den Rhythmus zum Überqueren der Stangen zu finden.

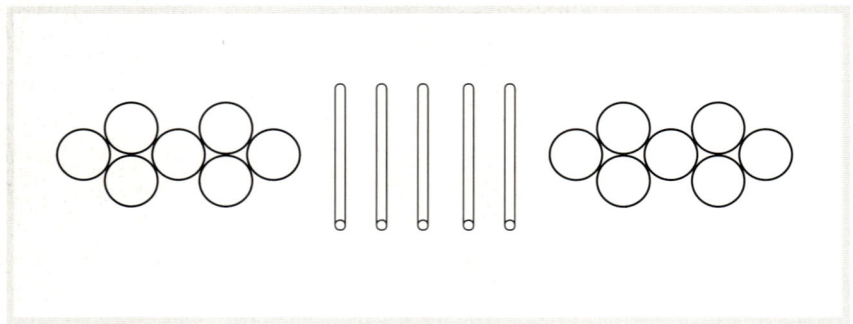

Wechsel von Stangen und Reifen

Kurze Reifen- und Stangenphasen erfordern eine schnelle Umstellung auf die unterschiedlichen Bewegungsaufgaben für die Beine (Sprünge, Schrittfolgen, Ausfallschritte), den ganzen Körper und nicht zuletzt den Kopf.

Beidbeinige Prellsprünge über Reifen und Stangen

Sprünge und Ausfallschritte

Hier werden Sprünge über die Hürden mit Ausfallschritten im Reifen kombiniert. Nach dem Überspringen der Hürden hüpfen die Spieler erst in die Reifen, dann nach außen und zurück. Dasselbe wiederholen sie im zweiten Reifen, bevor sie die nächste Hürde überspringen.

Sprünge und Ausfallschritte

Mehrere Reifen zwischen den Stangen

Drei Reifen zwischen den Stangen

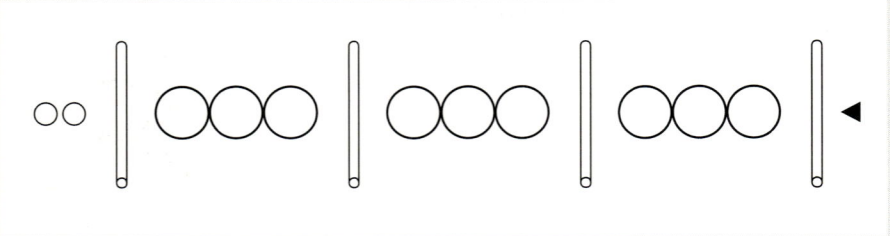

Vier Reifen zwischen den Stangen

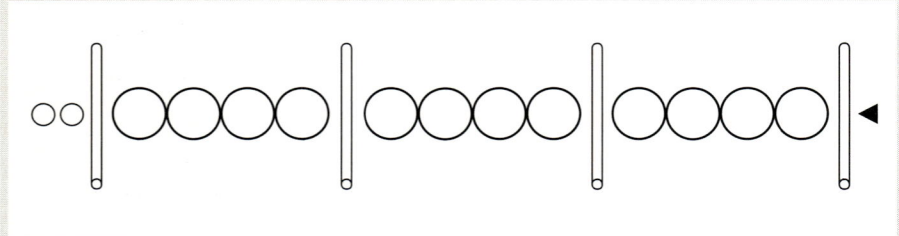

Eins-zwei-Anordnung der Reifen zwischen den Stangen

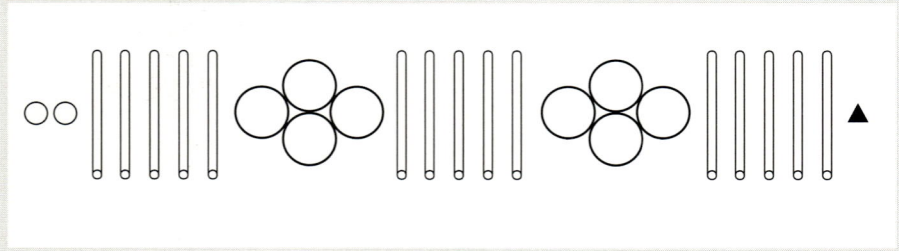

Steigende Anzahl der Reifen zwischen den Stangen

Die Anzahl der Reifen zwischen den Stangen kann stetig gesteigert werden, damit sich die Schrittfolge ständig ändert (hier: von zwei auf fünf Reifen).

Reifen-Stangen-Dreiecke, -Quadrate, -Fünfecke ...

Die Anordnung der Reifen und Stangen im Raum lässt sich vielfältig verändern.

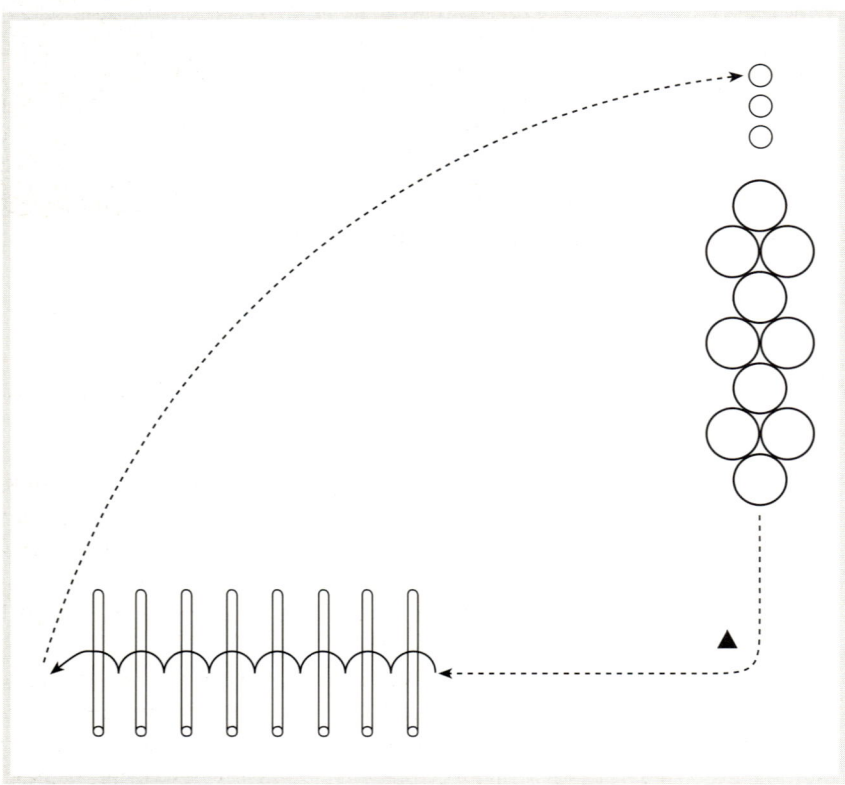

Reifen-Stangen-Dreieck

Hampelmann und seitliche Skippings Den Start bilden frontal ausgeführte Aufgaben im Reifenparcours, die mit schnellen Schritten zum Wendehütchen fortgesetzt und mit Seitbewegungen durch den Stangenparcours abgeschlossen werden. Anschließend laufen die Spieler zum Ausgangspunkt der Übung zurück.

Reifen-Stangen-Dreieck: Hampelmann und seitliche Skippings

Koordination von Armen und Beinen

Im allgemeinen Koordinationstraining nimmt das Zusammenspiel der großen Muskelgruppen (hier: Arme und Beine) eine zentrale Bedeutung ein. Viele Kinder und Erwachsene haben große Probleme dabei, ihre Arm- und Beinbewegungen gleichzeitig zu steuern, besonders wenn sie nicht synchron ablaufen. Sie kommen aus dem Rhythmus, weil sie sich auf einen Teil der Gesamtbewegung konzentrieren und dadurch den zweiten Teil nicht korrekt ausführen.

Einen hohen Trainingseffekt für die Koordination von Armen und Beinen haben z. B. das Seilchenspringen, der Schuhplattler und der Hampelmann, auch «Jumping Jack» genannt. Fast jeder Sportler kennt den Hampelmann in seiner ursprünglichen Form. Es gibt jedoch eine so große Variationsbreite dieser koordinativ sehr anspruchsvollen Bewegungen, dass wir dem «Jack» in diesem Buch einen eigenen Abschnitt widmen.

SEILCHENSPRINGEN

In der Grundlagenausbildung findet man immer weniger den Einsatz von Seilchen, mit denen man zahlreiche Koordinationsaufgaben ausführen kann. Die Anschaffung von 20 Seilchen lohnt sich aber für Fußballvereine auf jeden Fall. Lehrer in der Schule haben es da einfacher, weil Seilchen zur Grundausstattung jeder Sporthalle gehören.

Lauf- und Sprungformen

- zwei Hüpfbewegungen pro Seilchenkreis
- eine Hüpfbewegung pro Seilchenkreis
- Laufen auf der Stelle mit Kniehub
- Laufen im Raum
- Kick-Bewegung

SCHUHPLATTLER

Eine weitere interessante Form für das allgemeine Koordinationstraining ist das rhythmische Hochziehen eines Fußes mit einer Handberührung, genannt «Schuhplattler». Die Folge lautet: Fuß hochziehen, mit einer Hand berühren, absetzen.

Der Fuß kann entweder mit dem Gegenarm oder mit dem Parallelarm, entweder vor oder hinter dem Körper berührt werden. *Wichtig:* Das Kniegelenk beugen.

Schuhplattler *ohne* Hüpfen sind nicht so anstrengend und einfacher umzusetzen. Schuhplattler *mit* Hüpfen (jedes Hochziehen des Beines mit einer Hüpfbewegung kombiniert) stellen hohe Ansprüche an die Koordination und die Belastbarkeit: Es bereitet einigen Spielern Probleme, den vorgegebenen Rhythmus mit beiden Händen und Füßen zu halten, und es zeigen sich vor allem anfangs große Unterschiede in der Koordination der Bewegung.

Aufgaben ohne Hüpfen

- Vorne: nur links
- Vorne: nur rechts
- Vorne: links und rechts im Wechsel
- Hinten: nur links
- Hinten: nur rechts
- Hinten: links und rechts im Wechsel
- Wechsel: vorne rechts / links und hinten rechts / links

Aufgaben mit Hüpfen
- Vorne rechts, hüpfen
- vorne links, hüpfen
- hinten rechts, hüpf
- hinten links, hüpf

Kombination mit anderen Aufgaben
- Knieheben (vgl. «Knee-up» im Abschnitt «BallKoRobics», Seite 128 f.)
- einfache Sprünge
- Hampelmann
- Kombinationen mit Ball

HAMPELMANN

Das grundlegende Prinzip des Hampelmanns («Jumping Jack», kurz: «Jack») und seiner Variationen lautet: Das Öffnen und Schließen der Beine wird mit verschiedenen Armbewegungen kombiniert. Diese Bewegung sollte rhythmisch erfolgen, eventuell unterstützt durch Musik.

Erfahrungen mit Kindern und Erwachsenen zeigen, dass diese die Grundform häufig gut ausführen können, doch Probleme mit dem Bewegungsrhythmus bekommen, sobald sich ein Teil der Bewegung verändert. Trainingsphasen, in denen die Spieler verschiedene Arm- und Beinbewegungen nach einem vorgegebenen Rhythmus verbinden sollen, fördern in hohem Maße die koordinativen Fähigkeiten der Spieler auch im Fußballspiel.

Wichtig: Die Sprungbewegungen, das Öffnen und Schließen der Beine, stellen für die Gelenke der Sportler eine hohe Belastung dar. Deshalb sollte der Trainer die Jacks dosiert einsetzen und nach intensiven Trainingsphasen Lockerungsübungen, leichte Übungen mit Ball oder Dehnphasen einlegen.

Um die Belastung für die Gelenke so gering wie möglich zu halten, sollten die Fußspitzen leicht nach außen zeigen und die Knie nicht über die Fußspitzen geführt werden.

Normaler Hampelmann Dies ist die bekannteste Form des Hampelmanns. Der Spieler startet mit geschlossenen Beinen und angelegten Armen. Dann öffnet er die Beine und zieht gleichzeitig die Arme über den Kopf. Eventuell klatscht er die Hände zusammen, häufig werden die Arme jedoch auch nur bis zur Waagrechten hochgezogen.

Normaler Hampelmann:
Beine geschlossen, Arme
am Körper (1)

Normaler Hampelmann: Beine
und Arme geöffnet (2)

Hampelmann verkehrt Hier werden die Arme gegengleich bewegt, d. h., wenn sich die Beine öffnen, sind die Hände an den Oberschenkeln. Schließen sich die Beine, dann gehen die Arme nach oben.

Hampelmann verkehrt:
Beine geschlossen, Arme
geöffnet (1)

Hampelmann verkehrt: Beine
geöffnet, Arme am Körper (2)

Übungsformen mit dem Hampelmann

Der Hampelmann kann auf vielfältige Weise variiert und dadurch im Schwierigkeitsgrad systematisch gesteigert werden.

Hampelmann mit Musik	Verschiedene Beinbewegungen

Hampelmann mit Ball

Verschiedene Armbewegungen

Hampelmann im Reifenparcours

Unterschiedlicher Sprungrhythmus

Bewegungen im Raum

Drehungen bei der Ausführung

- *Verschiedene Beinbewegungen:* Das Öffnen der Beine kann seitlich, schräg (diagonal) oder nach vorne erfolgen.
- *Verschiedene Armbewegungen:* Die Bewegungen der Arme bieten zahlreiche
  Möglichkeiten, das Anspruchsniveau ständig zu steigern (vgl. S. 66 ff.).
- *Unterschiedlicher Sprungrhythmus:* Das Öffnen und Schließen der Beine kann
  schnell (auf–zu) oder langsam (auf–hüpf, zu–hüpf) ausgeführt werden. Bei
  der langsamen Version machen die Spieler einen kleinen Zwischenhüpfer, der
  keine Zusatzbelastung darstellt.
- *Drehungen bei der Ausführung:* Alle Jacks können um 90 Grad gedreht werden. Dabei ist darauf zu achten, dass sich die Spieler präzise drehen. Bei vier 90-Grad-Dre-
  hungen sollten sie in die Ausgangsposition zurückgekehrt sein. Die Spieler können sich beim Öffnen der Beine oder bei der Schließbewegung drehen. Dies sind
  für sie zwei unterschiedliche Aufgaben, die die Variationsbreite weiter erhöhen.

- *Bewegungen im Raum:* Vorwärts- und Rückwärtsbewegungen (eventuell mit der Kombination von Drehungen) bringen weitere Abwechslung und größere Schwierigkeitsgrade. Normalerweise führt man den Jack am Platz aus, doch es sind auch Veränderungen im Raum möglich. Die Aufgabe wird dann schwerer, weil neben der Ausführung der Jack-Bewegung auch eine räumliche Veränderung gefordert ist:
  - vorwärts – rückwärts *(wichtig: gleichmäßiger Abstand im Sprung nach vorne, flüssiger Bewegungsablauf)*
  - seitlich links und rechts (von Hütchen zu Hütchen bzw. Linie zu Linie)
  - 90-Grad-Drehungen
  - geometrischen Formen (z. B. im Quadrat / Dreieck)
- *Hampelmann im Reifenparcours:* Reifen geben die Abstände für die Sprungbewegungen vor und schaffen den Rahmen für «normiertes» Vorwärtsspringen.
- *Hampelmann mit Ball:* Jack-Bewegungen mit Ball haben für Fußballer besondere Bedeutung. Prell-, Wurf- oder Vorwärtsbewegungen mit Ball werden mit vorgegebenen Beinbewegungen kombiniert.
- *Hampelmann mit Musik:* Musik gewährleistet eine synchrone Ausführung und schafft ein motivierendes Gruppengefühl. Der Abschnitt «BallKoRobics» ab Seite 116 bietet zahlreiche Anregungen zu diesem Thema.

Aufgaben für die Arme   Die Arme können auch eine andere Aufgabe erhalten. Die Beine sind in der Startposition geschlossen, die Arme haben einen festen Ausgangspunkt sowie vorgegebene Bewegungsbahnen. So wäre z. B. eine Bewegung aus dem Aerobic («Butterfly») möglich. Es ist ein Unterschied, ob die Arme beim Öffnen nach vorne oder von vorne nach hinten gezogen werden. Für die Spieler ist dies jeweils eine neue Übung.

- Arme parallel vor – zurück
- Rudern (Arme zurück – vor)
- Arme seitlich bis zur Waagerechten (Begrenzung des Schwunges)
- Arme parallel hoch – herunter (Ausgangspunkt der Arme: Kopf / Schulter)
- Arme nach unten drücken – hochziehen
- Boxbewegungen – links und rechts im Wechsel
- Butterfly-Bewegung
- Arme über Kreuz

Butterfly: Arme geschlossen (1)   Butterfly: Arme geöffnet (2)

Aufgaben für die Beine Der Hampelmann lässt sich auch durch zusätzliche Aufgaben für die Beine erschweren. So können die Beine z. B. nach dem Öffnen über Kreuz schließen. Eine Variation der Fußbewegungen ergibt sich, wenn die Füße diagonal bewegt werden (einmal rechts vor – einmal links vor).

Füße kreuzen: Öffnen der   Füße kreuzen: Kreuzen der
Beine und Arme (1)   Beine und Arme (2)

Füße kreuzen Beim Kreuzen der Beine gibt es zwei Möglichkeiten. In der einfacheren Variante wird beim Kreuzen jeweils ein Fuß vorne und der andere hinten gehalten. Der ständige Wechsel des vorderen Fußes beim Kreuzen ist koordinativ anspruchsvoller.

Füße kreuzen, Variante
Boxbewegung der Arme

Aufgaben für Fortgeschrittene Wenn die Spieler die Aufgabe erhalten, in einer Übung lediglich eine Arm- mit einer Beinbewegung zu kombinieren, werden sie mit etwas Übung in der Lage sein, diese zu erfüllen. Schwieriger wird es, wenn die Arme zwei (drei, vier) unterschiedliche Aufgaben in Folge erfüllen sollen.

- Parallel geführte Arme stellen geringere Anforderungen an die Koordinationsfähigkeit als z. B. das wechselseitige Hochziehen des gestreckten linken und rechten Armes oder Boxbewegungen. Diese Armbewegungen stören die Stabilität der Gesamtbewegung. Bei Anfängern kommt der Körper häufig ins Wanken.
- Ein große Variationsbreite ergibt sich aus Kombinationen mit zwei unterschiedlichen Armbewegungen. Z. B. können zum Öffnen–Schließen der Beine die Armbewegungen vor–zurück sowie hoch–herunter kombiniert werden. Der Vorteil einer Kombination mit zwei (im Gegensatz zu drei) Armbewegungen ist, dass die erste Armbewegung immer mit dem Öffnen, die zweite Armbewegung immer mit dem Schließen der Beine zusammenfällt.

- Sehr schwer wird es, wenn das Öffnen und Schließen der Beine mit drei verschiedenen Armbewegungen kombiniert wird, da sich die Gesamtkörperbewegung ständig ändert. Diese Aufgabe ist nur dann lösbar, wenn die Beinbewegungen automatisch ablaufen und der Spieler nur auf die Armbewegungen achtet. Eine gleichzeitige Konzentration auf Arm- und Beinbewegung ist fast unmöglich!
Z. B. *Folge:* Arme gestreckt zur Seite, nach vorne, nach oben usw.

Gestreckte Arme wechselseitig hoch und herunter und Kreuzen der Beine
Die Armbewegung bleibt gleich, doch die Beine kreuzen beim Schließen. Die Ausführung kann anfangs einheitlich mit links oder rechts nach hinten geschehen, doch die Zielübung fordert einen ständigen Wechsel.

Folge: öffnen – kreuzen (links hinten), öffnen – kreuzen (rechts hinten) usw.

Das Kreuzen der Beine lässt sich auch mit verschiedenen Armbewegungen kombinieren. Dadurch wird der Schwierigkeitsgrad nochmals erhöht.

Arme vorne gestreckt (1)   Arme im Wechsel hoch
und herunter (2)

Kombinationen Die Kombination von zwei (oder mehreren) Beinbewegungen schafft weitere Möglichkeiten zu Steigerung des Schwierigkeitsgrades. Z. B. kann das viermalige «seitliche Öffnen – Schließen» mit vier «Vor – zurück-Bewegungen» verbunden werden. Der Phantasie des Trainers sind hier keine Grenzen gesetzt!

Variationen: Ausfallschritt (vor – zurück)

- rechts vor, zusammen, rechts vor usw.
- links vor, zusammen, links vor usw.
- rechts vor, zusammen, links vor, zusammen usw.

Hampelmann mit Partner

Weitere Variationsmöglichkeiten mit viel Spaß bietet der Hampelmann als Partnerübung. Ein zusätzlicher Ball kann in der Mitte berührt, übergeben, zugeworfen oder zugeprellt werden. Kombinationen mit Ballaufgaben für jeden Partner (Hochwerfen und Fangen vor dem Zuwurf) schaffen ebenfalls eine große Variationsbreite.

Hampelmann mit Partner und Ball: Zuprellen des Balles während des Öffnens der Beine

Schnelligkeit und Reaktion

Wenn man von der Schnelligkeit eines Fußballers spricht, ist häufig eine Mischung aus den folgenden Faktoren gemeint:

- explosive Starts, zügige Richtungsänderungen, Stopps und Drehungen
- Ballbehandlung mit hohem Tempo
- schnelles Reagieren, Erkennen und Handeln in den Spielsituationen

Die Teileigenschaften der Schnelligkeit und ihre Bedeutung für die Leistungsfähigkeit des Fußballers kann nach Weineck (1998, 378) wie folgt aufgegliedert werden.

Aktionsschnelligkeit	Aktionen mit Ball in höchstem Tempo
Bewegungsschnelligkeit	Fähigkeit, den Körper ohne Ball mit höchstem Tempo zu bewegen
Handlungsschnelligkeit	Schnelles und effektives Handeln im Spiel unter Berücksichtigung der technisch-taktischen und konditionellen Möglichkeiten
Reaktionsschnelligkeit	Schnelle Reaktion auf überraschende Situationsveränderungen, verursacht durch Mit- und Gegenspieler sowie durch den Ball
Entscheidungsschnelligkeit	Schnelle Auswahl der besten und effektivsten Lösung einer Spielsituation
Wahrnehmungsschnelligkeit	Schnelle Aufnahme, Verarbeitung und Bewertung der für die Spielsituation notwendigen Informationen
Antizipationsschnelligkeit	Vorwegnahme (Erahnen) der Aktionen von Gegen- und Mitspielern aufgrund von Erfahrung und aufmerksamer Beobachtung des Spielgeschehens

Die Übungen in diesem Abschnitt verbessern besonders die Lauftechnik, das Startverhalten und die für Fußballer so wichtige Fähigkeit zur Richtungsänderung. Die Sprintfähigkeit und Schnelligkeit lässt sich zudem auch durch Krafttraining und Reaktionsübungen verbessern. Ein gezieltes Koordinationstraining, das neben der optimalen Kraftentwicklung auch das harmonische Zusammenwirken der am Sprint beteiligten Muskeln und Muskelgruppen verbessert, führt zu einem explosiveren Antritt und macht dadurch die Spieler schneller.

LAUFTECHNIK

Viele Spielsportler haben eine schlechte Lauftechnik. Sie verschwenden viel Energie für unnötige Bewegungen von Kopf, Schulter oder Rumpf bzw. entwickeln nicht die notwendige Schnellkraft zu einem explosiven Sprint, weil sie weder das Fuß- noch das Kniegelenk völlig strecken. Um diese Probleme zu beseitigen, gibt es Koordinationsaufgaben, Übungen und Sprints mit Hilfsmitteln (Stangen, Hürden, etc.). Ein Training der Laufkoordination für Fußballer bedeutet vor allem ein Variieren der Schrittlänge und Schrittfrequenz. Dies gewährleisten in erster Linie die Abstände und die Höhe der Hindernisse.

- Geringer Abstand der Hürden – hohe Schrittfrequenz
- großer Abstand der Hürden – große Schrittlänge
- hohe Hürden – großer Kniehub

Zusätzlich sollte der Trainer auf die Entwicklung von Kraft (Sprungkrafttraining) und ausreichende Beweglichkeit (Dehnübungen, Stretching) achten.

Trainingsschwerpunkte
- schnelle Fußarbeit
- leichtfüßige Bewegungen
- Richtungsänderungen mit Abbremsen und Beschleunigung
- Sprungkrafttraining
- Vorgabe von Schrittfolge, Schrittlänge und Schrittfrequenz

Übungen zur Lauftechnik
Verbesserung des Starts in der Gesamtbewegung Die Streckung des Fuß- und Kniegelenks sowie der richtige Einsatz der Arme lassen sich gut im so genannten «Fallstart» überprüfen. Die Spieler lassen sich bei gespanntem Körper (nicht in der Hüfte abknicken) nach vorne fallen, bis sie das Gefühl haben, gleich umzukippen. Kurz bevor dies geschieht, starten sie mit höchstem Tempo aus dieser starken Vorwärtsneigung des gesamten Körpers.

Beobachtungspunkte
- Hände: Zug bis zum Kinn
- Armwinkel: 90 Grad
- Abdruckbein: völlige Streckung
- Knie: explosiver Einsatz
- Oberschenkel: Zug bis zur Horizontalen

Verbesserung des Fußgelenkeinsatzes Folgende Übungsformen bieten sich an:
- Hürdensprünge (Ganzkörperstreckung mit betontem Einsatz der Fußgelenke)
- Hüpfen mit links/rechts (Steigerung: Anziehen des Fußes bis zum Gesäß)
- einbeiniges Hüpfen über Hürden mit Zwischenhüpfer (flach)

SPRINTS

Sprints nach Auftaktaufgaben

Die Spieler führen zuerst eine Aufgabe durch, dann starten sie zum Sprint.

Es liegen einige Stangen auf dem Boden, die den Startbereich darstellen. Wenn sie diesen Bereich mit einer speziellen Aufgabe durchlaufen haben, sprinten die Spieler auf ca. 10 m. Der Stangenparcours lässt sich weiterentwickeln, indem z. B. kleine Hürden (Höhe bis 30 cm) den Startbereich zu zahlreichen Auftaktbewegungen vor dem Sprint bilden.

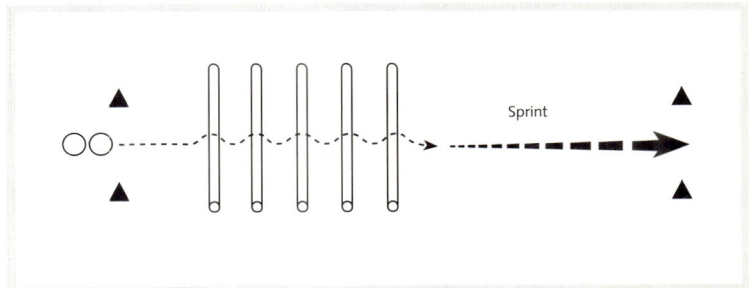

Aufgaben
- Skippings über die Stangen
- Sprint über die Stangen, ohne diese zu berühren
- seitliche Skippings oder seitliches Laufen
- einbeiniges Hüpfen (eine Bahn mit links, dann mit rechts)
- beidbeiniges Hüpfen
- Skippings, zwei vor, eins zurück
- verzögerte Sprünge mit Beinwechsel (Abstand größer)
- Skippings seitlich, zwei vor, eins zurück

Sprungkombination oder Skippings seitwärts im Startbereich Hier führen die Spieler zuerst eine Sprungkombination oder Skippings seitwärts über zwei Längsstangen im Startbereich aus (aus der Mitte nach links, zurück zur Mitte, nach rechts, zur Mitte, Sprint), bevor sie über die Stangen sprinten.

Zweikampfsituation Der Auftakt zum Sprint könnte auch eine Zweikampfsituation sein.

In der folgenden Übung springen die beiden Spieler mit der Schulter zusammen, bevor sie zu den Zielhütchen sprinten.

Auftaktbewegung   **Sprint**

Sprints mit Richtungsänderungen, Brems- und Beschleunigungsphasen

Weitere Organisationsformen des Sprinttrainings beinhalten Richtungsänderungen, Brems- und Beschleunigungsphasen.

Zickzack Hier können verschiedene Aufgaben erfüllt werden, z. B. die Folge
«Sprint–Rückwärts–Sprint». Die Spieler sprinten vom ersten (gelben) zum zweiten (roten) Hütchen, berühren dieses und sprinten mit schnellen Fußbewegungen
rückwärts, bis sie auf Sichthöhe des dritten (gelben) Hütchens. Dann sprinten sie
weiter zum vierten (roten) Hütchen usw.

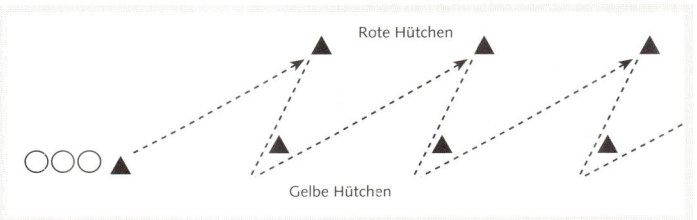

**Berührung des Hütchens aus der
Sprintbewegung**

**Beschleunigung nach dem
Rückwärtssprint**

Variation: Die Spieler berühren nun nicht das erste Hütchen, sondern sprinten
ca. 50 cm am Hütchen vorbei, dann zurück zum zweiten Hütchen mit anschließendem Sprint nach vorne.

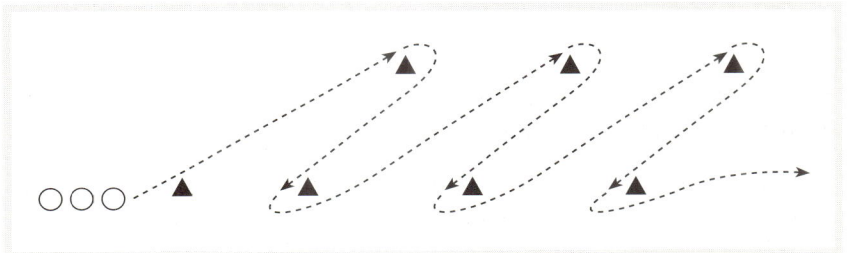

Vorwärts–seitwärts–rückwärts Die Spieler sprinten vorwärts zum ersten Hütchen, dann seitwärts zum zweiten und rückwärts zum Zielhütchen. Diese Übung sollte im höchsten Tempo ausgeführt werden.

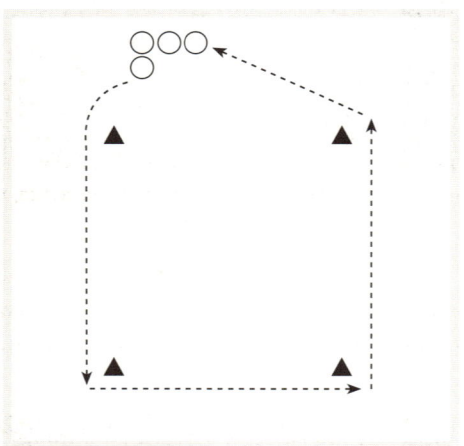

Würfelfünf Die Spieler sprinten abwechselnd mit Richtungsänderungen und Drehungen vorwärts, seitwärts und rückwärts.

Sprintfolge: (1) Start vom Hütchen Nr. 1, (2) vorwärts zum Mittelhütchen Nr. 2, (3) Richtungsänderung um 90 Grad – seitwärts zum Hütchen Nr. 3 nach links, (4) kurz rückwärts, (5) seitwärts zum Mittelhütchen, (6) vorwärts zum Hütchen Nr. 4, (7) Drehung um die Körperlängsachse – Blick zum Zielhütchen Nr. 5, Sprint ins Ziel.

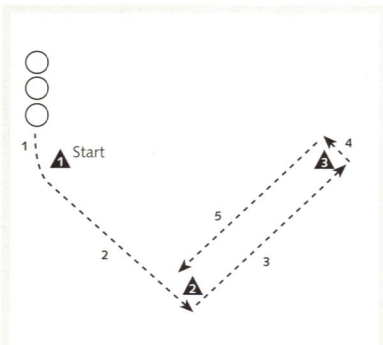
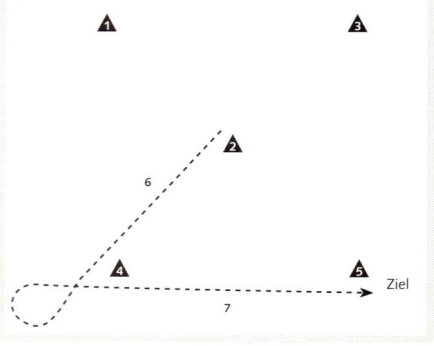

Sprint nach vorne, dann Sidesteps nach links

Drehung um die Körperlängsachse, dann Sprint nach vorne ins Ziel

Partnerübung: Reaktion im Quadrat Der Spieler A reagiert auf die Sprints des Spielers B und berührt das entsprechende Hütchen. Entweder bewegt er sich parallel zu seinem Partner oder spiegelbildlich.

Partner bestimmt die Sprintrichtung – parallel

Partner bestimmt die Sprintrichtung – spiegelbildlich

Andere Organisationsformen zum Sprint

Sprints aus dem Reifenparcours Die Spieler erfüllen eine Aufgabe im Reifen-parcours – siehe Seite 48 f. – und schauen dann den Trainer (Partner) an, der ein optisches oder akustisches Signal gibt, auf das sie aus dem Parcours heraussprin-ten. Anschließend folgt noch eine Zusatzaufgabe.

Aufgaben (Zusatz)
- ein Torschuss nach dem kurzen Sprint
- Sprung zum Kopfball oder Hechtkopfball (Ball zugeworfen)
- schnelles Dribbling im Slalomparcours

Sprints aus dem Stangendreieck Sprints im Fußball werden häufig von Gegen-spielern und Richtungsänderungen des Balles beeinträchtigt. Die Spieler sollten auch dann in der Lage sein, kraftvoll und explosiv zu sprinten, wenn sie durch Hin-dernisse gestört werden.

Hier sollen die Spieler aus einer Auftaktbewegung (schnelle Fußbewegungen im Stangendreieck) auf das akustische oder optische Zeichen des Trainer sprinten. Aus einer vorgegebenen Bewegung, die ihre ganze Konzentration erfordert, starten sie plötzlich in den Sprint. Drei Stangen sind zu einem Dreieck angeordnet. Im Ab-stand von 5–10 m befindet sich pro Dreieck ein Hütchen, das als Ziel oder Wende-marke dient.

Folge: Die Spieler laufen mit zwei Kontakten ins Dreieck, dann nach rechts, zurück ins Dreieck, nach links, zurück ins Dreieck, nach hinten usw.

Aufgaben
- beidbeinige Prellsprüngen
- einbeinige Prellsprünge (Vorsicht: hohe Belastung der Sprunggelenke!)
- Kombinationen aus Hüpf- und Schrittfolgen

Methodische Hinweise
- Die Stangen können auf dem Boden, auf kleinen oder auf großen Hütchen lie-gen. Ein Wechsel der Stangenhöhe gewährleistet, dass die Spieler sich ständig umstellen und ihre Bewegungen auf die Anforderungen einstellen müssen.
- Das Tempo sollte dem Leistungsstand entsprechen. Präzision hat Vorrang vor der schnellen Ausführung.
- Je nach Gruppengröße werden 3–6 Dreiecke aufgebaut.
- Die Aufgaben im Stangendreieck sollten variabel gestaltet werden.

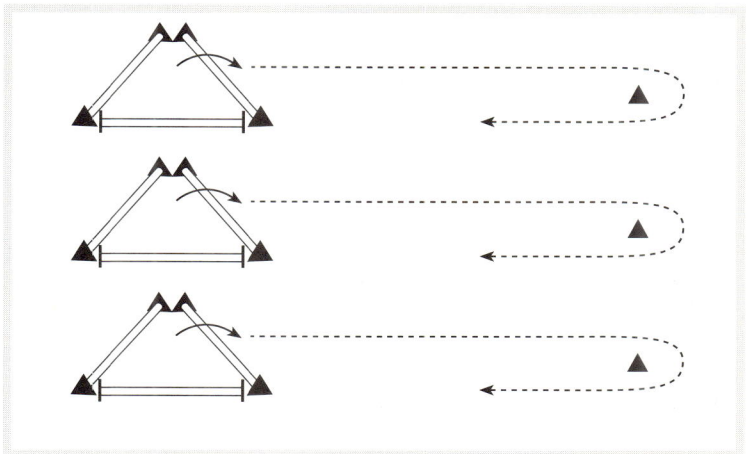

Variationen

- Auf dem Weg zum Ziel überwinden die Spieler weitere kleine Hürden.
- Sprint mit Wende um das Hütchen und kurzer Sprint zurück.
- Um die Startaktion noch interessanter zu gestalten, kann der Trainer unterschiedliche Zeichen für Schrittfolgen (Arm hoch), Hüpfbewegungen (Arm seitlich) und Startaktion (Arm unten) vorgeben.

Sprints aus dem Reifenkreis Aus der o. g. Konstellation kann das Startsignal auch von einem sich freilaufenden Spieler gegeben werden: Spieler A führt schnelle Fußbewegungen im Reifenkreis aus. Spieler B startet plötzlich und fordert den Ball, der ca. 2–5 m vor dem Reifenkreis liegt. Der Spieler A sprintet nun zum Ball und spielt ihn in den Lauf von B.

Schnelle Fußbewegungen im Reifenkreis

Sprint zum Ball, dann Pass zum Partner

Variationen
- Ein Sprint zum Ball mit anschließendem Pass zum Signalgeber kann auch nach unterschiedlichen Auftaktbewegungen erfolgen.
- Vor dem Pass zum sprintenden Spieler findet ein Wettkampf um den Ball statt.

Startsignal durch Sprint von Spieler A

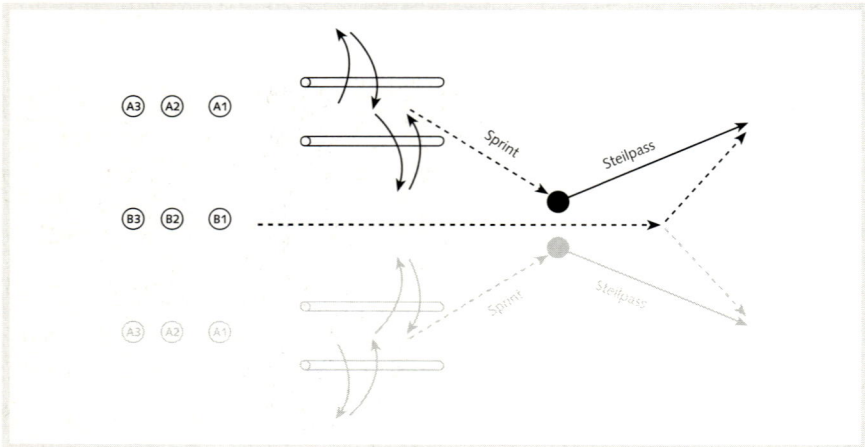

Startzeichen durch Sprint zum Ball

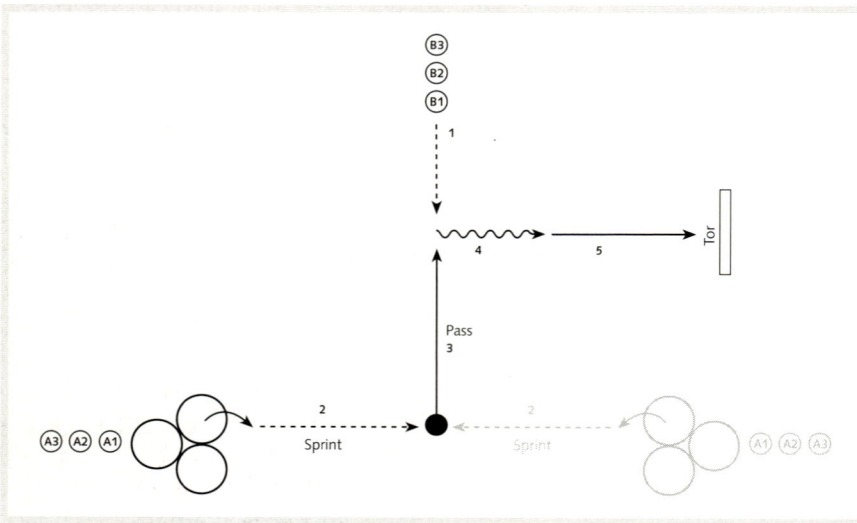

Sprints mit Zusatzaufgaben in der Dreiergruppe Der Abstand der Hütchen beträgt ca. 10–15 m. Spieler A sprintet ca. 5 m auf Spieler B zu, erledigt die gestellte Aufgabe mit Gefühl und wendet sich dann im Sprint in Richtung auf Spieler C zu, wo er ebenfalls die gestellte Aufgabe erfüllt. Dann wendet er sich wieder Spieler B zu usw. Wenn ein Ball einmal nicht genau zu B oder C kommt, müssen sie diesen schnell holen, um die Übung fortsetzen zu können. Es hat sich bewährt, einen Ersatzball in Reichweite zu platzieren.

Die Übungszeit sollte je nach Belastbarkeit und Alter bei ca. 30, 45, 60 sek liegen.

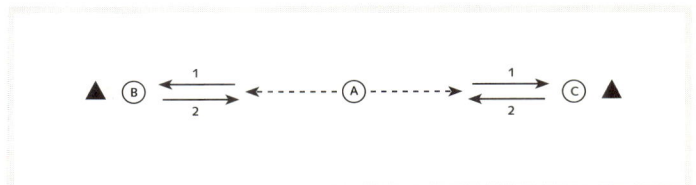

Aufgaben
- Den von B und C zugespielten Ball direkt zurückspielen
- Zurückköpfen des zugeworfenen Balles
- Hechtkopfball
- Den zugeworfenen Ball direkt volley mit der Innenseite zurückspielen (Übung für Fortgeschrittene)

REAKTION UND ORIENTIERUNG

Zahlen-Reaktions-Lauf Eine Hütchenreihe zwischen zwei Markierungen wird von 1–6 nummeriert. Die Spieler starten in Dreier-, Vierer- oder Fünfergruppen. Der Trainer ruft eine zweistellige Zahl, die sich aus den Nummern der Hütchen zusammensetzt. Die Spieler starten zu einer Sprintfolge mit Hütchenberührung. Grundsätzlich gilt, dass nach der Berührung des zweiten Hütchens eine Richtungsänderung notwendig ist. Das Ziel der Sprintfolge ist daher grundsätzlich offen – entweder hinter dem Hütchen Nr. 1 oder hinter dem Hütchen Nr. 6.

Beispiel 1: Der Trainer ruft «25». Die Spieler sprinten nun zuerst zum Hütchen Nr. 2, berühren es und laufen (ohne Richtungsänderung) zum Hütchen Nr. 5. Dort führen die Spieler eine Richtungsänderung aus und sprinten zurück zum Starthütchen (hier: Hütchen Nr. 1).

Beispiel 2 (siehe unten): Der Trainer ruft «52». Die Spieler sprinten dann zuerst zum Hütchen Nr. 5, berühren es und laufen anschließend zum Hütchen Nr. 2 (erste Richtungsänderung). Von dort führen die Spieler eine zweite Richtungsänderung aus und sprinten über die Zielmarkierung (hier: Hütchen Nr. 6).

Methodischer Hinweis: Die Nummerierung der Hütchen bleibt stets gleich. Dadurch müssen die Spieler ständig umdenken und sich neu orientieren. Wenn sie bei der Startmarkierung beginnen, hat das erste Hütchen die Nr. 1, wenn sie jedoch auf der anderen Seite (bei der Zielmarkierung) beginnen, hat das erste Hütchen die Nr. 6. Die Reaktionsbedingungen ändern sich also ständig und fördern so die Fähigkeit, sich während der Ausführung einer sportlichen Bewegung besonders zu konzentrieren.

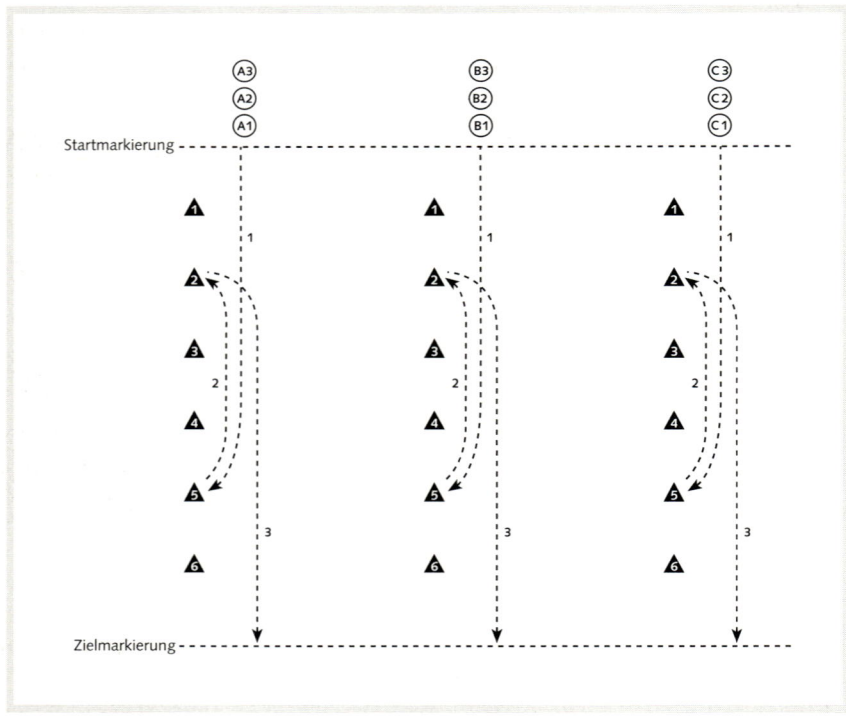

Kleine Wettkämpfe

Kleine Wettspiele bringen großen Spaß in den Trainingsalltag und sind daher besonders für den Fußballnachwuchs geeignet.

Fangen im Stangenkreis Die Stangen sind in einem Kreisbogen auf dem Boden angeordnet. Ihr Abstand sollte eine flüssige Durchführung des Spiels gewährleisten. Zwei Spieler stehen sich als Hase und Jäger im Stangenkreis gegenüber. Als Geräte können auch Reifen oder kleine Hürden dienen. Der Jäger versucht, den Hasen zu fangen, ohne die Stangen (Reifen, Hürden) zu berühren.

Variante 1: Der Jäger läuft, so schnell er kann, in eine Richtung. Wer eine Stange berührt, hat verloren. Hat der Hase eine vorgegebene Zeit (z. B. 30 sek) durchgehalten, ohne vom Jäger berührt zu werden, so hat er gewonnen.

Variante 2: Der Jäger darf die Richtung wechseln, wodurch der Hase gezwungen wird, aufmerksam den Kopf oben zu behalten, um ihm nicht in die Arme zu laufen.

Fangen im Stangenkreis

Variationen

- Der Trainer kann die Schrittlänge schnell verändern, indem er enge und weite Kreisläufe fordert.
- Der Trainer oder der Fänger kann die Fortbewegungsart innerhalb des Stangenkreises vorgeben.
  - Laufen – 1 Kontakt
  - Laufen – 2 Kontakte
  - Sidesteps
  - Prellsprünge (einfach / doppelt)

Gegner abhängen Zwei Spieler befinden sich in der Mitte zwischen zwei Hütchen. Spieler A versucht, durch schnelle Sidesteps den Spieler B «abzuhängen». Gelingt es ihm, das Außenhütchen zu berühren, bevor sein Gegenspieler das Innenhütchen berührt, erhält er einen Punkt. Der Sprint zum Außenhütchen sollte erst dann gewagt werden, wenn der Spieler B auf eine Finte hereingefallen ist. Es ist ratsam, einen dritten Spieler als Schiedsrichter hinzuzunehmen, der dann auch als Auswechselspieler dienen kann.

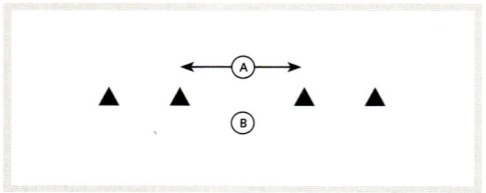

Spezielles Koordinationstraining für Fußballer

Grundlagen

Je höher das Leistungsniveau der Fußballer ist, desto mehr sollten sich die Trainingsinhalte im Koordinationstraining von allgemeinen zu fußballspezifischen Schwerpunkten hin verändern. Die Fußballtechniken gewinnen immer mehr an Bedeutung, während die Übungen zur Verbesserung der allgemeinen koordinativen Fähigkeiten in den Hintergrund treten.

Koordinative Anforderungen an einen Fußballspieler

Sportartspezifisches Koordinationstraining ist ein Anwendungstraining gelernter Bewegungen unter besonderen (erschwerten) Bedingungen. Beim Fußballtraining geht es vor allem um das schnelle und effektive Lernen der notwendigen Fußballtechniken. Im Zusammenhang damit spielen die koordinativen Fähigkeiten eine große Rolle. Koordination muss fußballbezogen trainiert werden, damit die Spieler die spezifischen Bewegungsabläufe und Störfaktoren ihrer Sportart angemessen bewältigen können:

- Sprints nach Sprüngen
- Richtungsänderungen auch in hohem Tempo, nach Sprüngen, Drehungen, Störfaktoren
- Bewegung auf engem Raum
- Druck durch Gegenspieler
- Zeitdruck
- Besondere Wetterbedingungen

Motorisch-koordinative Druckbedingungen

Ein Angreifer erhält den Ball und wird von einem Abwehrspieler bedrängt. Er sieht sich einem vielfältigen Druck ausgesetzt. Nach Neumaier (1999, 114) lassen sich die Druckbedingungen im Koordinationstraining wie folgt zusammenfassen.

Zeitdruck
Anforderungen hinsichtlich
der Bewegungszeit
und/oder der Bewegungs-
geschwindigkeit

Komplexitätsdruck
gleichzeitig ablaufende
und/oder aufeinander
folgende
Bewegungsteile

Belastungsdruck
Anforderungen
hinsichtlich der physisch-
konditionellen und
psychischen
Belastungsbedingungen

Präzisionsdruck
Anforderungen
hinsichtlich
der Bewegungs-
genauigkeit

Situationsdruck
Anforderungen
hinsichtlich
der Variabilität und
Komplexität
der Umgebungs-
und Situations-
bedingungen

Wichtig:
Gleichgewicht und
Wahrnehmung

Zeitdruck Die Rasanz des heutigen Fußballs erfordert ständig ein schnelles Handeln und Fortbewegungen, eine Anwendung von Fußballtechniken in höchstem Tempo. Dadurch stehen die Spieler ständig unter Zeitdruck. Ein großer Erfahrungsschatz und vorausschauendes Denken ermöglichen es dem Spieler, schneller zu reagieren und dadurch den Zeitdruck etwas zu reduzieren. Reaktionen im Fußballspiel sind jedoch nicht geradlinig planbar.

Belastungsdruck In einer Zweikampfsituation steht ein Spieler unter starkem physischen und psychischen Druck. Die Qualität der Bewegungskoordination sinkt, wenn der Spieler stark ermüdet ist. Aber auch Stress und Angst können eine große Belastung für den Spieler bringen und die Koordination seiner Bewegungen entscheidend beeinflussen. Als Beispiel sei eine Zweikampfsituation genannt, in der ein Spieler Angst (Furcht) davor hat, den Ball zu verlieren und dem Team durch ein zu spätes Abspiel zu schaden. Dies bringt ihn in eine Stresssituation, die seine ansonsten gute Wahrnehmung oder Körperkontrolle stören könnte.

Situationsdruck Der Spieler hat das Problem, neben der Ballbeherrschung die Bewegungen der Mit- und Gegenspieler beobachten zu müssen. Der zugespielte Ball und die damit verbundenen Bewegungen aller Spieler in Richtung Ball bzw. in eine taktisch kluge Position (Ermöglichung eines Abspiels durch Mitspieler oder Schließen von Räumen durch die abwehrenden Spieler) führen zu einer ständigen Veränderung der Spielsituation, auf die sich der Spieler einstellen muss.

Ein Fülle von Informationen stürzt auf den Spieler ein, die er aufnehmen und bewerten muss. In dieser komplexen und variablen Situation sollte der Spieler die Lösung mit den besten Erfolgsaussichten finden können (z. B. Dribbling oder Spiel zu einem Mitspieler).

Präzisionsdruck Die Ballan- und Mitnahme auf engem Raum, einstudierte Finten und gut «getimte» und zielgenaue Flanken nach dem Zweikampf erfordern einen gut dosierten Krafteinsatz.

Komplexitätsdruck An Zweikampfsituationen sind zahlreiche Muskeln beteiligt, die möglichst zielgerecht und präzise eingesetzt werden sollen, ganz gleich ob sich der Ball auf der rechten oder linken Seite befindet oder der Gegner frontal oder seitlich angreift. Viele Bewegungen laufen häufig gleichzeitig ab, wie z. B. die Ballannahme mit gleichzeitigem Drehen des Kopfes zur Orientierung und das Abblocken des Gegenspielers.

Die Anforderungen an die Koordination steigen auch durch aufeinander folgende Bewegungen, wie z. B. Ballan- und Mitnahme, Finte, Tempodribbling und präzise Flanke.

Im speziellen Koordinationstraining sollten die Spieler lernen, mit den genannten Druckbedingungen umzugehen. Trotz des vielschichtigen Drucks, dem die Spieler ausgesetzt sind, sollte weder ihre Fußballtechnik leiden, noch sollten Fehlentscheidungen in komplexen Spielsituationen vorkommen.

Technik- und Koordinationstraining

Die Grenzen und Überschneidungen von Technik- und Koordinationstraining sind fließend. «In die Bewegungsausführung gehen immer alle koordinativen Leistungsvoraussetzungen mit ein. Deshalb ist die Frage, ob es sich beim Bewegungstraining um ein (spezifisches) Fertigkeitstraining/Techniktraining oder um ein (allgemeines) Fähigkeitstraining handelt, genau genommen, grundsätzlich falsch gestellt. Die Frage müsste lauten, wie viele spezifische und wie viele allgemeine Anteile im Bewegungstraining enthalten sind» (Neumaier 1999, 178).

| Koordinations- oder Techniktraining |

| Techniken trainieren *(Fertigkeitstraining)* | Koordination trainieren *(Fähigkeitstraining)* |

Schwerpunktsetzung
der Trainingssituation (Trainingsziele / Trainingsinhalte)
Gewichtung
von fußballspezifischen *und* allgemeinen *Anteilen*

Koordinationsorientiertes
Techniktraining
- Technikanwendungstraining
  (variables Techniktraining)
- Technikvariationstraining

Technikorientiertes
Koordinationstraining
- spezifisches Koordinationstraining
- Variation der Druckbedingungen

Technikorientiertes Koordinationstraining

Die Übungen des allgemeinen Koordinationstrainings lassen sich mit Techniken der entsprechenden Sportart verbinden. Handballer werden handballtypische Abläufe variieren, Hockeyspieler werden den Hockeystock vielseitig einbeziehen und Fußballer sollten die fußballtypischen Bewegungen unter erschwerenden Bedingungen (z. B. Hürden oder Reifen) trainieren. Dieser Abschnitt verbindet allgemeine Koordinationsübungen mit fußballbezogenen Anschlussaktionen. Kurz: Technikorientiertes Koordinationstraining im Fußball bedeutet Koordinationstraining plus Balltraining.

Partnerübungen
Hier führt Spieler A die Übung aus, während Spieler B als Zuspieler agiert.

Sprung und Technikaufgabe Spieler A springt über eine Längsstange und erfüllt sofort nach der Landung eine technische Aufgabe mit dem von Spieler B zugespielten (zugeworfenen) Ball.

Aufgaben (Technik)
- flacher Pass (ohne/mit Ballannahme)
- hüfthoher Pass (ohne/mit Ballannahme)
- Hüftdrehstoß
- Kopfball im Stand oder nach Sprung mit Drehung
- Rückspiel des zugeworfenen Balles

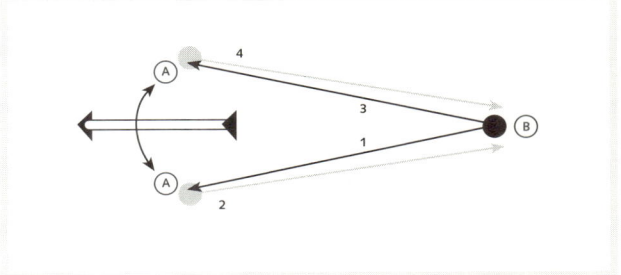

Längsstange: Sprung

Technikaufgabe: Rückspiel des hüfthoch zugeworfenen Balles mit der Innenseite als Flugball

Doppel-Längsstangen und Technikaufgabe Schnelle Fußbewegungen und Sprünge vor der Anwendung der Fußballtechniken fördern die Flexibilität der Spieler in Spielsituationen mit unvorhersehbaren Ereignissen. Die *Aufgaben* im Parcours und die technische Aufgabe sollten so vielseitig wie möglich variiert werden.

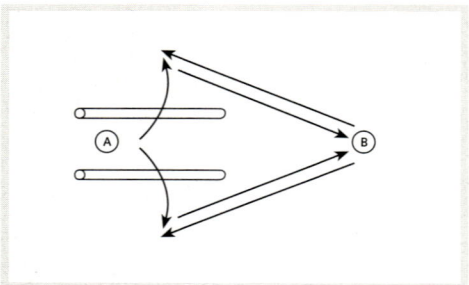

Doppel-Längsstangen: beidbeinige Prellsprünge

Technikaufgabe: Kopfball

Querstange und Technikaufgabe Die beidbeinigen oder einbeinigen Sprünge über eine Querstange lassen sich besonders gut mit verschiedenen Aufgaben verbinden.

Methodischer Hinweis: Der Trainer sollte bei der Technikaufgabe auf die beidseitige Ausführung achten, damit die Spieler lernen, die ideale Körperposition für die geforderte Technik sowohl links als auch rechts einzunehmen.

Aufgaben (Technik)
- flacher Pass (ohne/mit Ballannahme)
- hüfthoher Pass (ohne/mit Ballannahme)
- Kopfball im Stand oder nach Sprung mit Drehung
- Hechtkopfball

Rückspiel hüfthoher Bälle

Wichtig: beidseitiges Training

Reifenparcours und Anschlussaktion Auch ein Reifenparcours kann den Auftakt bilden, der mit einer Technikaufgabe abgeschlossen wird.

Reifenparcours: Hampelmann

Anschlussaktion: Pass aus der Drehung

Gruppenübungen

Die Anwendung von Fußballtechniken unter erschwerten Bedingungen (Auftaktaufgaben) lässt sich auch in Kleingruppen (Dreier- oder Vierergruppe) als Endlosübung bzw. mit dem gesamten Team als Großgruppenübung trainieren.

Kopfballtraining in der Dreiergruppe Spieler A steht im Tor und hält einen Ball in der Hand. Zwei Spieler befinden sich vor einem Parcours mit Stangen und Reifen. Spieler A wirft Spieler B den Ball zu, dieser köpft ihn im Lauf (Sprung oder als Hecht) auf das Tor. Anschließend wechseln A und B ihre Positionen. B erwartet nun den Spieler C und wirft ihm den Ball zu.

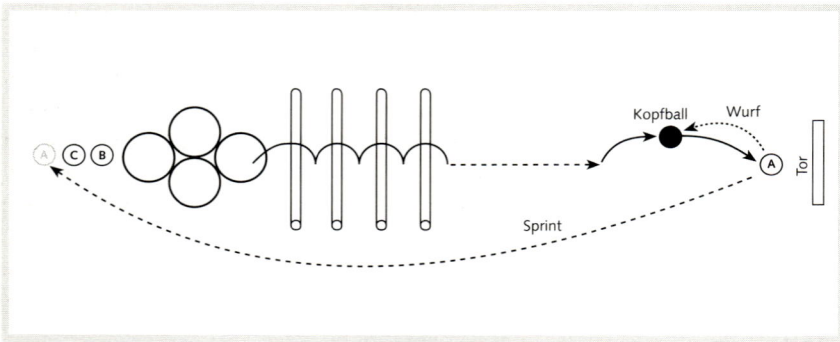

Doppelpass in der Vierergruppe Nach der Überwindung des Parcours erhält Spieler A den Ball von Wandspieler B als Rückpass. Nach einem Doppelpass schießt er den Ball auf das Tor von Torwart C und wechselt seine Position mit dem Torwart. Dieser wechselt seine Position mit Wandspieler B, der seinerseits zur Startposition läuft. Es ist ratsam, die Wandspielerposition doppelt zu besetzen, damit unnötige Pausen verhindert werden.

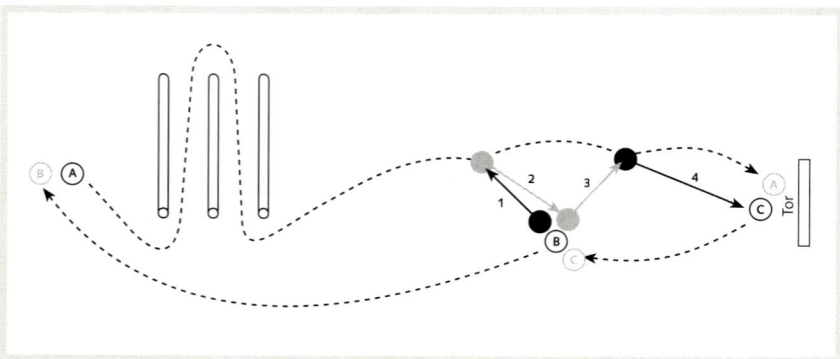

Gruppentraining im Endlosparcours Den Wechsel unterschiedlicher Aufgaben in Verbindung mit einer Aktion mit dem Ball kann in einer Endlosübung mit dem gesamten Team wie folgt organisiert werden.

Zwei Gruppen erhalten unterschiedliche Aufgaben. Die Spieler der Gruppe A dienen als Anspieler, während die Spieler der Gruppe B Aufgaben im Stangenparcours erledigen, einen zugespielten/zugeworfenen Ball zurückspielen und den nächsten Parcours durchlaufen. Die Aufgaben können dabei ständig anders lauten (Sidesteps, Kreuzschritte, Prellsprünge, Slalomlauf …) oder zur Vereinfachung auch gleich bleiben. Die Abstände zwischen den Stangen oder Reifen richten sich nach der Gruppengröße. Die Anspieler sollen ihren Ball abwechselnd zuwerfen und flach zuspielen, damit die Spieler sich auch bei der Fußballtechnik ständig umstellen müssen. Einmal ist ein Flachpass zurück zum Anspieler notwendig, beim nächsten Mal ein Hechtkopfball oder ein Hüftdrehstoß. Dabei sollten die Anspieler das Niveau der Spieler berücksichtigen.

Nach einer vorgegebenen Zeit (10–15 min) wechseln die Gruppen ihre Positionen. Gruppe A begibt sich zum Start, während Gruppe B die Anspielstationen besetzen.

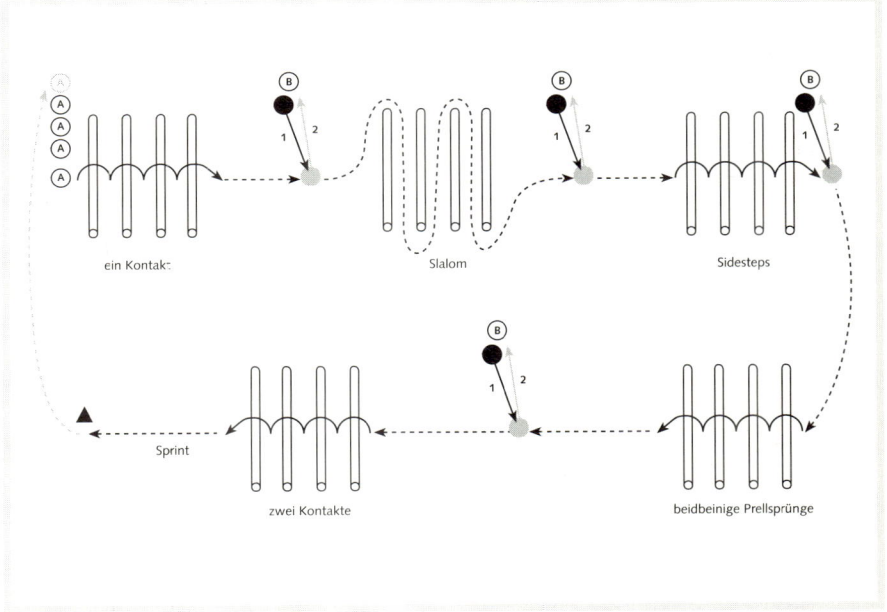

Variation: Es können auch Tore mit einbezogen werden. Diese sollten jedoch immer von zwei Torhütern besetzt sein, damit die Spieler nicht warten müssen, wenn sie einen Ball vorbeischießen. In diesem Fall kommt ein Ersatzball ins Spiel und der zweite Torwart holt den vorbeigeschossenen Ball.

Komplexe Übungsformen

Schnelle Pässe und Koordinationsübungen Die Spieler stehen unter Zeitdruck, wenn sie zwischen zwei Hütchen schnelle, direkt gespielte Pässe geben und anschließend einen Parcours durchlaufen sollen. Dieser Parcours sollte so gestaltet sein, dass die Spieler eine Chance haben, rechtzeitig vor dem Lauf des letzten Spielers wieder an der Ausgangsposition anzukommen, damit die Passfolge nicht unterbrochen wird. Der Trainer sollte jedoch darauf achten, dass die Aufgabe nicht zu leicht ist und ständig ein gewisser Zeitdruck herrscht. Bezüglich der Gestaltung des Parcours sind der Kreativität des Trainers sonst keine Grenzen gesetzt.

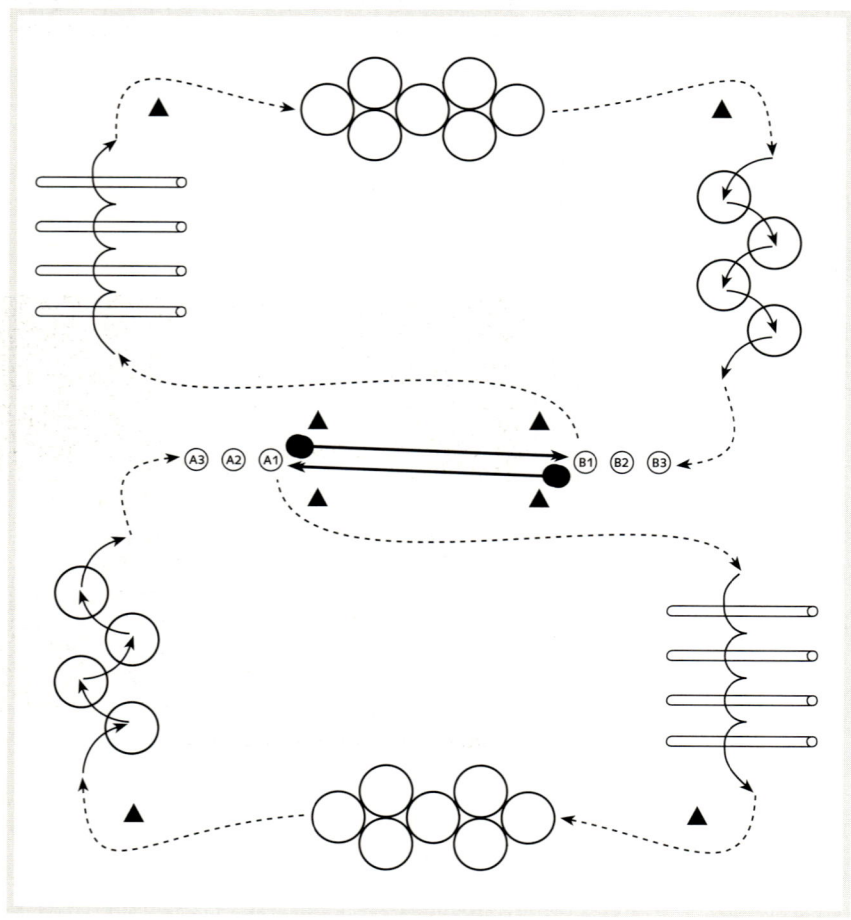

Komplexübung Zwei Tore (ein festes Tor, ein bewegliches) stehen im Abstand von ca. 30–40 m auseinander. Wenn kein fahrbares Tor vorhanden ist, reichen auch Stangen- oder Hütchentore. Zwei Stangenparcours (oder auch Reifenparcours) werden im Abstand von ca. 16–20 m aufgebaut. In der Mitte befindet sich ein Stangenkreuz aus vier Stangen.

Zwei Spieler starten gleichzeitig von zwei sich gegenüberliegenden Ausgangspunkten und müssen ihr Lauftempo nach dem Überlaufen oder -springen des Parcours aufeinander abstimmen. Nach gleichzeitigem Überqueren des Stangenkreuzes um 90 Grad (oder 270 Grad) erfüllen sie eine technische Aufgabe vor dem Tor (z. B. Pass, Kopfball, Torschuss) und stellen sich bei der gegenüberliegenden Gruppe an. Wird der Torerfolg verlangt, sollte ein Torwart im Tor stehen, bei Passübungen wechselt der Läufer mit dem Spieler im Tor.

Aufgaben (Parcours)
- Laufen vorwärts 2 Kontakte
- Prellsprünge (beidbeinig oder einbeinig) vorwärts
- Laufen rückwärts 2 Kontakte
- Skippings seitwärts

Spieler durchlaufen gleichzeitig das Kreuz

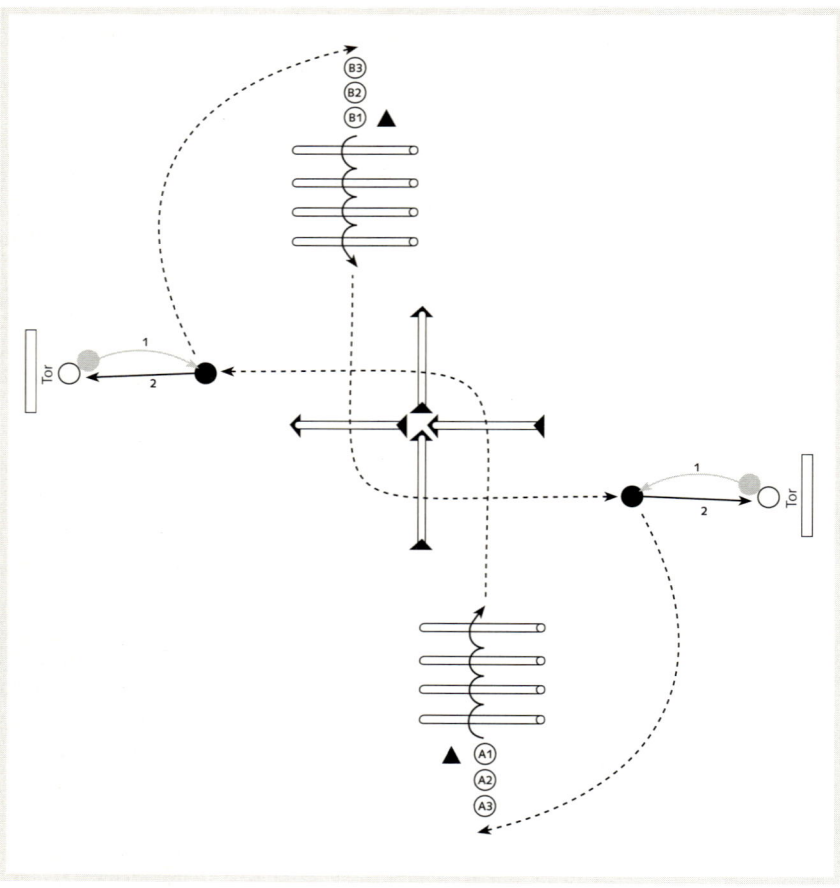

Variationen

- *Mitte:* Die Spieler laufen oder springen gleichzeitig über das Stangenkreuz um 90 Grad oder um 270 Grad und sprinten anschließend zum Tor.
- *Tor:* Fortgeschrittene können vor dem Tor auch schwierige Techniken anwenden, wie z. B. einen Hüftdrehstoß (direkt verwandelt) oder einen Flugkopfball. Es ist sinnvoll, Ersatzbälle am Tor zu platzieren, damit die Übung flüssig abläuft.

Koordinationsorientiertes Techniktraining

Techniktraining mit variablen Rahmenbedingungen (Anwendungstraining, Variationstraining) schult in hohem Maße die fußballspezifische Koordination. Im Mittelpunkt der Übungen stehen das Gleichgewichtstraining für Fußballer und die Verbesserung des Ballgefühls beim Passen, bei der Ballannahme, bei der Fortbewegung mit Ball sowie beim Kopfball.

GLEICHGEWICHT UND KÖRPERBEHERRSCHUNG

Nach Sprüngen, Drehungen und massiven Störungseinflüssen durch Gegenspieler (Stoßen, Schieben, Drücken, Ziehen) sollte ein Fußballer schnell sein Gleichgewicht wiederfinden. Diesem Gleichgewicht (statisch und dynamisch) kommt eine zentrale Bedeutung im Fußballspiel zu, denn oft hängt der Erfolg einer Aktion im Fußballspiel nicht zuletzt auch von der richtigen Körperhaltung und der günstigen Position zum Ball ab.

Dies wird z. B. beim Torschuss deutlich, den der Fußballer nach einem Sprung oder einer Drehung erfolgreich beendet. Dies ist nur möglich, wenn er seinen Körper schnell in die gewünschte und notwendige Position bringen kann. Dabei kann es wichtig sein, der Störung durch einen Gegenspieler entgegenzuwirken, sich dieser Beeinträchtigung zu stellen und diese möglichst schnell auszugleichen.

Häufig kommt es vor, dass ein Fußballer durch einen cleveren Gegenspieler, der seinen eigenen Körper geschickt einsetzt, bei der Ballannahme gestört oder aus dem Gleichgewicht gebracht wird. Die gegnerische Handlung zielt häufig darauf ab, dass der Spieler die beabsichtigte Handlung nicht in Ruhe ausführen kann. Ein gut geschulter Fußballer kann jedoch mit diesen Störungen seines Gleichgewichts umgehen und seine Spielaktion dennoch erfolgreich beenden.

Die zum Teil massiven Störungen sollte der Spieler im Training in Verbindung mit Techniken erfahren, damit er im Spiel «gegenhalten» kann. Erfahrene Spieler sind in der Lage, die auf sie einwirkenden Störungen durch eine Ausgleichsbewegung abzufangen und das Gleichgewicht nicht zu verlieren.

Als Ergänzungsübungen sind dazu sehr hilfreich:
- Übungen auf einem Bein
- Drehungen und Sprünge mit anschließenden Technikaufgaben

STÖRUNGEN

Beim Techniktraining mit koordinativem Anteil werden die beherrschten Techniken mit bewusst eingebauten Störungen (drücken, schieben, ziehen) geübt. Der Spieler soll lernen, seine Körperhaltung ständig zu korrigieren, um einer gravierenden Störkraft entgegenzuwirken und sein Gleichgewicht zu bewahren. Dem Störenden sollte jedoch klar sein, dass sein Störverhalten nur dem Lernerfolg seines Partners dient und durch den Schiedsrichter unterbunden wird.

Störung bei der Ballannahme   **Störung beim Passen**

Hüpfen auf einem Bein und Ballübungen Gruppenübungen mit einem Ball können auch auf einem Bein ausgeführt werden. Die Spieler haben die Aufgabe, ihren Gegner während der Prellaktion aus dem Rhythmus zu bringen, ohne selbst den Ball zu verlieren.

Hüpfen auf einem Bein und Hochwerfen des Balles

BALLGEFÜHL

Jonglieren Jonglieraufgaben aller Art verbessern das Ballgefühl der Fußballer. Bis Anfänger in der Lage sind, den Ball sicher zu jonglieren und ein ausgezeichnetes Ballgefühl entwickeln, vergeht einige Zeit. Folgende Lernstufen haben sich bewährt:

Stufe 1: Ball kurz hochwerfen, einmal hochspielen und fangen (Fuß, Oberschenkel, Kopf), damit der Spieler den Einsatz der Muskulatur auf den Ball unter einfachen Bedingungen einstellen kann.

Stufe 2: Kombination von zwei Körperteilen: hochwerfen, Fuß, Oberschenkel, fangen – hochwerfen, Oberschenkel, Fuß, fangen.

Stufe 3: Die Vergrößerung der Wurfhöhe erhöht den Schwierigkeitsgrad.

Stufe 4: Der Ball soll nun so oft wie möglich jongliert werden – zunächst ist es kein Problem, wenn der Ball unregelmäßige Bodenkontakte hat.

Stufe 5: Der Konzentrationsanspruch steigt, wenn der Ball regelmäßig zwischen den Jonglierbewegungen einmal aufspringen darf.

Stufe 6: Könner jonglieren den Ball ohne Bodenkontakte.

Variation: Das Jonglieren kann auch mit einem Partner oder in einer Gruppe erfolgen. Der Spieler nimmt den Ball an, jongliert einige Male und spielt den Ball zu einem anderen Spieler. Das «Hochhalten» des Balles ist jedoch auch direkt (ohne Annahme) möglich.

Übungsformen mit Zusatzaufgaben

Wenn ein Spieler eine Aufgabe mit einem Ball erledigt (Jonglieren, Dribbeln, Passen, Geschicklichkeitsübungen mit dem Ball ...), kann er sich darauf konzentrieren. Die Koordination wird schwieriger, wenn eine zweite Aufgabe, ein zweiter oder dritter Ball oder auch ein weiterer Partner hinzukommt.

Dribbling mit zwei Bällen Hier soll die Anwendung von gelernten Techniken durch den Einsatz eines zweiten Balles erschwert werden.

Ein Spieler dribbelt nicht wie gewohnt im Parcours mit einem Ball, sondern erhält einen zweiten Ball, den er genauso kontrollieren soll. Das Dribbeltempo soll der Spieler so weit steigern, dass er in einen Grenzbereich kommt, in dem seine Aufmerksamkeit ganz besonders beansprucht wird.

Variationen

- Die beiden Bälle können sich auch in Größe und Gewicht unterscheiden.
- Fortgeschrittenen ist es auch möglich, einen dritten Ball hinzuzunehmen.

Dribbling mit zwei Bällen

Ballführung und zweiten Ball hochwerfen Ein Spieler führt einen Ball mit den Füßen und wirft gleichzeitig einen zweiten Ball im Rhythmus hoch.

Bälle führen und hochwerfen zugleich

Ballführung und zweiten Ball prellen
Der Spieler prellt den zweiten Ball auf den
Boden, während er den ersten Ball mit den
Füßen fortbewegt. Dieses einfache Ball-
führen kann gesteigert werden, indem der
Spieler einen Dribbelparcours absolviert
oder den Zusatzball während des Dribb-
lings auch noch von einer Hand in die
andere wechselt. Die Aufgaben mit den
Händen und Füßen sollten vielfältig variiert werden, damit die Spieler ständig neue
Herausforderungen erfahren und somit
koordinativ anspruchsvoll trainieren.

Bälle zugleich werfen und prellen

Prellen mit den Füßen Der Spieler hält den Ball durch Prellen mit der Fußsohle
(Fußspitze) in Bewegung. Dabei wechselt er den Fuß bei jeder Prellbewegung.

Prellen des Balles mit dem Fuß

Prellen des Balles mit dem
Fuß und hochwerfen eines
zweiten Balles

Variation: Durch das Lenken der Konzentration auf eine Zusatzaufgabe wird die Grundaufgabe insgesamt schwieriger: Während der Spieler den Ball mit den Füßen prellt, wirft er einen Ball hoch und fängt ihn anschließend wieder.

Methodische Hinweise
- Zu Beginn sollte der Rhythmus des Prellens mit den Füßen sicher beherrscht werden.
- Könner schaffen es, einen Ball mit Hand und einen zweiten mit dem Fuß im Rhythmus zu prellen bzw. hochzuwerfen.

Ball hochwerfen und Zusatzball zum Partner werfen Diese Übung eignet sich nicht nur für Torhüter, sondern im Sinne einer umfassenden koordinativen Ausbildung auch für alle Feldspieler im Fußball. Der kreative Trainer wird die Übung leicht variieren und erweitern können.

Die Spieler haben die Aufgabe, einen Ball hochzuwerfen, während ein zweiter Ball zusätzlich zwischen den Partnern hin- und hergeworfen wird. Sie müssen also eine dosierte Ballbewegung nach oben mit einer gezielten Ballbewegung nach vorne koordinieren. Dabei ist darauf zu achten, dass die Hoch- und Weitwürfe sowohl mit links als auch mit rechts ausgeführt werden.

Spieler links: Mit der linken Hand hochwerfen, mit der rechten Hand zuwerfen

Spieler rechts: Mit der rechten Hand rechtzeitig hochwerfen, mit der linken Hand den zugeworfenen Ball erwarten und fangen

Partnerübungen mit zwei Bällen Spieler A hält seinen Ball in beiden Händen, Spieler B schießt seinen Ball flach zu Spieler A. Wenn B den Ball zu A schießt, wirft dieser seinen Ball hoch, schießt den Ball von B zurück und fängt seinen eigenen Ball wieder auf.

Wenn beide Spieler den richtigen Abstand zueinander, das passende Schusstempo sowie die richtige Wurfhöhe ermittelt haben, sind sie in der Lage, diese Übung mehrmals hintereinander präzise auszuführen.

Spieler links: Ball hochwerfen, Schuss zurück zum Partner, Ball fangen

Spieler rechts: Ball hochwerfen, Kopfball zurück zum Partner, Ball fangen

Variationen

- Das Zuspiel am Boden kann auch durch einen Zuwurf mit einem Kopfball zurück zum Partner ersetzt werden. Dies sieht leichter aus, als es ist. Das Hochwerfen und das anschließende Fangen sollten nicht viel Aufmerksamkeit erfordern, denn sonst gelingt der Kopfball innerhalb dieser Übung nicht.
- Anstelle des Hochwerfens könnte der Spieler auch einen Zusatzball mit einer Hand prellen oder jonglieren. Der Zusatzball sollte dann einmal ohne Kontakt durch den Spieler aufspringen und sofort wieder einbezogen werden.
- Diese Übung sollte nur als Prinzip verstanden werden, mit dem der Trainer gelernte Techniken durch eine Zusatzaufgabe (einen Zusatzball) erschweren kann.

Partner- und Gruppenübungen mit unterschiedlichen Bällen

Damit die Spieler in der Lage sind, gefühlvolle und gut dosierte Pässe zu spielen, sollte im Training auf Bälle mit unterschiedlichen Eigenschaften zurückgegriffen werden. Das Training mit unterschiedlichen Bällen fördert die Fähigkeit, den Krafteinsatz auf notwendige Veränderungen (Gewicht, Größe, Sprungverhalten) einzustellen. Der Effekt wird noch dadurch gesteigert, dass die Techniken der Ballbehandlung ständig wechseln.

Unterschiedliche Bälle: Volleyball, Fußball, Gymnastikball, Handball und Minifußball

Aufgaben (unterschiedliche Bälle)
- Kopfball
- Pässe: flach
- Pässe: volley mit der Innenseite
- Hüftdrehstöße
- Annahme mit der Brust vor dem Pass

Zuspiel unterschiedlicher Bälle Jeder Spieler hat ein Depot mit verschiedenen Bällen (große und kleine Fußbälle, Wasserball, Tennisball, Softball …). Die Bälle werden mit unterschiedlichen Techniken zum Partner gespielt oder geworfen, damit dieser sich ständig auf Bälle mit unterschiedlichen Gewichten und Größen einzustellen hat. Nach jeder Ballannahme sollte also der Ball gewechselt werden.

Aufgaben (Zuspiel)
- Zuwerfen des Balles
- Pässe auf dem Boden
- Ball selbst anwerfen und zuspielen

Aufgaben (Ballannahme)
- Innenseite
- Spann
- Brust
- Oberschenkel

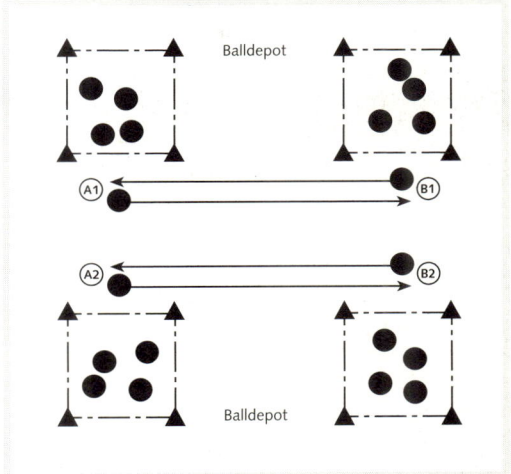

Variation: Vierergruppe: Ein weiterer Spieler kann eine Aktion vor dem Zuspiel oder nach der Ballannahme ermöglichen. Dieser Spieler sorgt dann auch für den Ballwechsel.

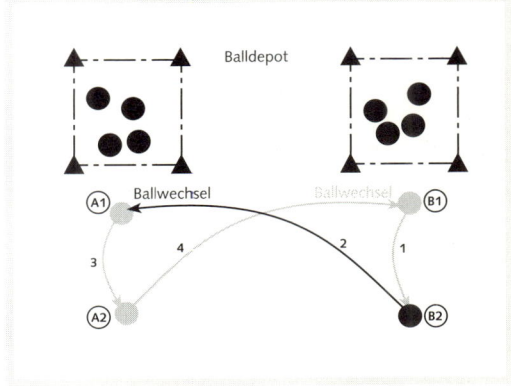

Ballannahme mit einem Tennisball

Kopfball mit einem Volleyball

Zuspiel in der Dreiergruppe In einer Dreiergruppe wirft Spieler A einen Softball und Spieler B einen Fußball so zu Spieler C, dass dieser ihn in Folge direkt zurückspielen kann (Fuß oder Kopf).

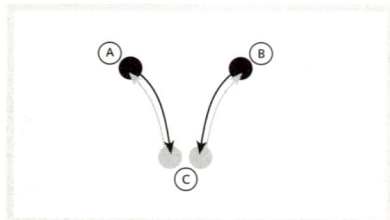

Volleyschüsse nach Zuwurf

Variationen

- Die Dreiergruppe ordnet sich so an, dass sich Spieler C jeweils um 90 Grad drehen muss, um den Ball anzunehmen und zurückzuspielen (hier: Kopfball auf zugeworfenen Ball). Die Zuspieler variieren die Höhe und den Treffbereich ihres Zuspiels.
- Auch bei dieser Übung können unterschiedliche Bälle benutzt werden.

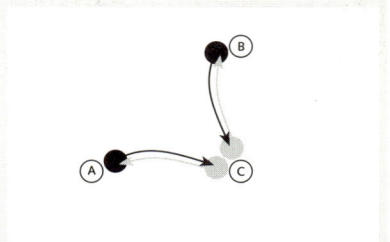

Schnelle Drehung vor dem Kopfball

Wechsel der Zuspielart Spieler A spielt flach und erhält von Spieler C einen Rückpass flach zurück, Spieler B wirft den Ball hoch zu und erhält ihn von Spieler C mit einem Kopfball zurück.

Methodische Hinweise: Damit die Übung flüssig abläuft, sollte der zweite Spieler den Ball zuwerfen. Spitzenspieler können diesen schwierigen Pass auch präzise als Volleyschuss zuspielen.

Aufgaben
- Verwendung unterschiedlicher Bälle
- Hechtkopfball
- Hüftdrehstöße

Flachpass mit schneller Drehung um 180 Grad   **Kopfball nach der Drehung**

Unterschiedliche Entfernung der Zuspieler Die Übung kann auch durch unterschiedliche Ziele variiert werden. Spieler A steht 5 m, Spieler B 15–20 m von Spieler C entfernt. Spieler C hat nun die Aufgabe, die Bälle mit der angemessenen Geschwindigkeit und der notwendigen Genauigkeit an die beiden Spieler A und B zurückzuspielen.

Variation: Die Partner könnten ihren Standort ständig verändern, damit der Spieler sich immer neu orientieren muss.

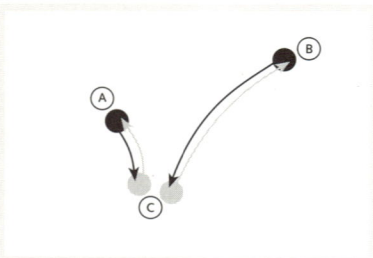

Dosiertes Passspiel Diese Übung verbessert schwerpunktmäßig das Gefühl für ein gut dosiertes Spiel in den Raum, das vor allem für den so genannten «tödlichen» Pass erforderlich ist. Der Ball soll weder zu kurz noch zu scharf gespielt werden.

Den Organisationsrahmen schafft z. B. ein Stangenparcours mit einer anschließenden Dribbelaufgabe. Der Spieler schießt den Ball mit Gefühl am Stangenparcours seitlich vorbei und sprintet über die Stangen. Kurz vor dem ersten Hütchen soll der Spieler den Ball erreichen und sofort mit Ball mehrfache Richtungsänderungen (eventuell Drehungen) einleiten.

Die Entfernung zum ersten Hütchen wird nach Alter und Leistungsstärke der Spieler bestimmt. Es ist jedoch unbedingt nötig, diese Entfernung häufig zu variieren, damit sich die Spieler immer wieder auf unterschiedliche Gegebenheiten einstellen müssen.

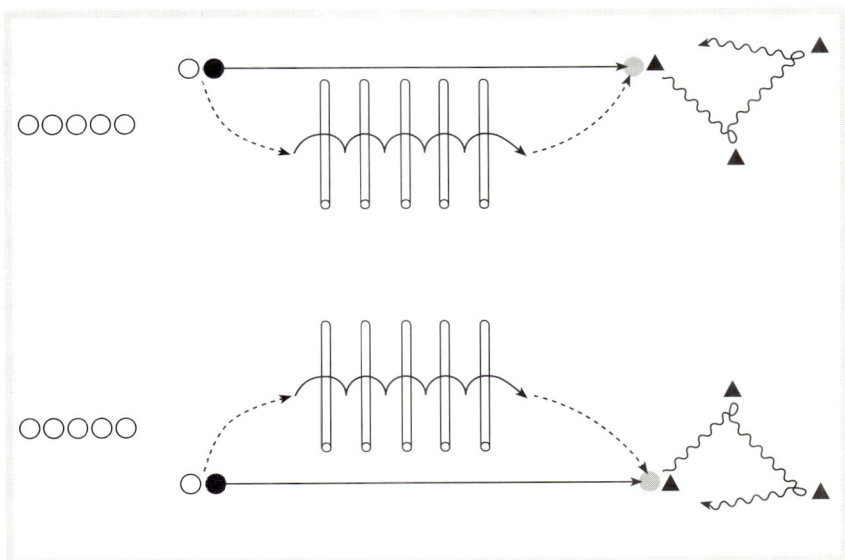

Pass am Stangenparcours vorbei, anschließend Sprint über kleine Hürden (1)

Ball beobachten, Parcours schnell überwinden (2)

Nach Erreichen des Balles Dribbling mit Richtungsänderungen (3)

ZEITDRUCK

Im modernen Fußballspiel stehen die Spieler sehr unter Zeitdruck. Kaum ein Spieler hat die Zeit, Ball und Spielsituation in Ruhe zu «verarbeiten» und die entsprechend richtige Entscheidung zu treffen. Je höher das Spieltempo ist, desto besser sollten die Spieler ausgebildet sein. Trainiert werden die notwendigen fußballspezifischen Techniken unter variablen Bedingungen und ganz besonders auch unter Zeitdruck.

Den Stress und den Zeitdruck, die von den weit reichenden Konsequenzen eines wichtigen Pflichtspieles und einem mit aller Entschiedenheit agierenden Gegner ausgehen, kann man nur schwer simulieren. Dennoch hat der Trainer die Möglichkeit, die Anwendung von Fußballtechniken mit einem Zeitfaktor zu verbinden. Staffelwettbewerbe, «Verfolgungsrennen» oder Gruppenwettspiele, in die verschiedene Techniken eingebunden sind, führen dazu, dass die Spieler sich mehr auf den Faktor Zeit konzentrieren als auf die Technik. Wenn dies variabel und immer wieder motivierend geschieht, sind die Spieler auf den Zeitdruck in der Spielsituation besser vorbereitet. Eine weitere Möglichkeit, Zeitdruck zu simulieren, bieten alle Technikanwendungen mit Zeitmessungen.

Gruppenwettkämpfe

Gruppenwettkämpfe haben einen großen Vorteil: Sie machen ungeheuren Spaß. Das Techniktraining steht dabei zwar nicht im Vordergrund, wohl aber auf dem «heimlichen Lehrplan». Der Druck der Gruppe führt zu einer hohen Konzentration bei den Spielern und dies schafft spielnahe Stresssituationen. Hier werden folgende Gruppenwettkämpfe vorgestellt.

Dribbling gegen Jongleure Je schneller die Spieler um die Hütchen dribbeln, desto weniger Ballkontakte haben die Spieler der anderen Gruppe.

Ein oder mehrere Spieler der Gruppe B jonglieren ihren Ball, ein Schiedsrichter zählt ihre Ballkontakte. Gruppe A dribbelt so schnell wie möglich um ein abgestecktes Feld (Quadrat, Rechteck). Wenn alle Spieler von A im Ziel sind, stellt der Schiedsrichter das Zählen der Ballkontakte der Jongleure von Gruppe B ein. Nach drei Dribbeldurchgängen wechseln die beiden Teams ihren Platz. Die Jongleure werden Dribbler und umgekehrt. Die Jongliermannschaft mit den meisten Ballkontakten hat das Spiel gewonnen.

Methodischer Hinweis: Ein Spieler der Jongleure (falls mehr Zähler vorhanden sind – entsprechend mehr Jongleure) spielt den Ball mit Fuß, Knie oder Kopf hoch. Jeder Ballkontakt zählt. Bodenkontakte sind erlaubt. Der Ball darf jedoch nicht mit der Hand aufgehoben werden.

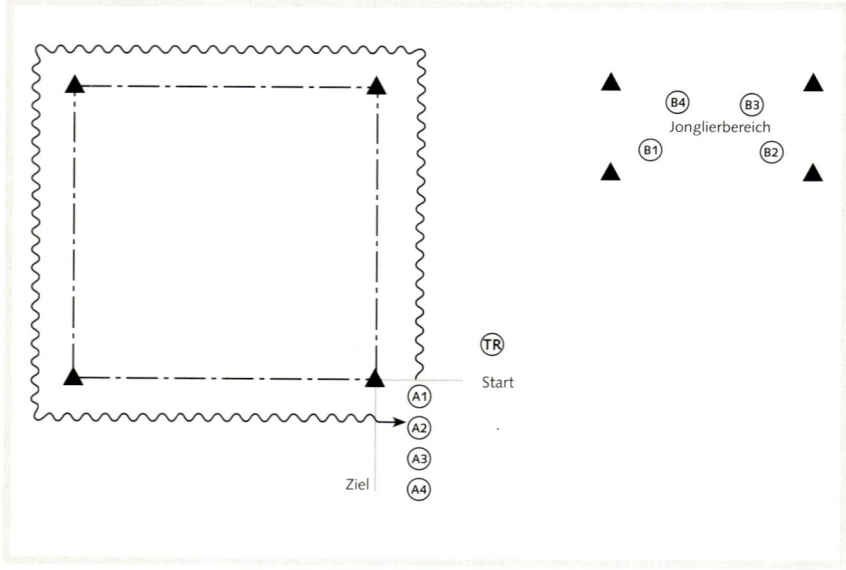

Variationen

- In der «Light-Version» führen die Spieler den Ball lediglich um das vorgegebene Quadrat und bestimmen somit die Zeitspanne für die Jongleure.
- Die Aufgabe für die Dribbler wird schwerer, wenn sie auf dem Weg ins Ziel weitere Aufgaben (Slalom um Hütchen, Pässe gegen eine Wand, Sprung über eine Hürde …) erledigen sollen.

- Die Aufgabe von Gruppe A kann auch verändert werden – z. B. sind Drop-Kicks gegen eine Wand, Kopfbälle oder Schüsse in ein Tor möglich.

Dribbling gegen Direktspiel Das Wettkampfprinzip «Gruppe A gegen Gruppe B mit unterschiedlichen Aufgaben» kann auch zu folgendem Wettkampf umgestaltet werden.

Gruppe A dribbelt in einem vorgegebenen Parcours, Gruppe B spielt einen Ball direkt zwischen zwei Hütchen hin und her. Den Zeittakt geben die Dribbler vor, denn wenn alle Dribbler im Ziel sind, hört der Schiedsrichter auf, die Pässe zu zählen.

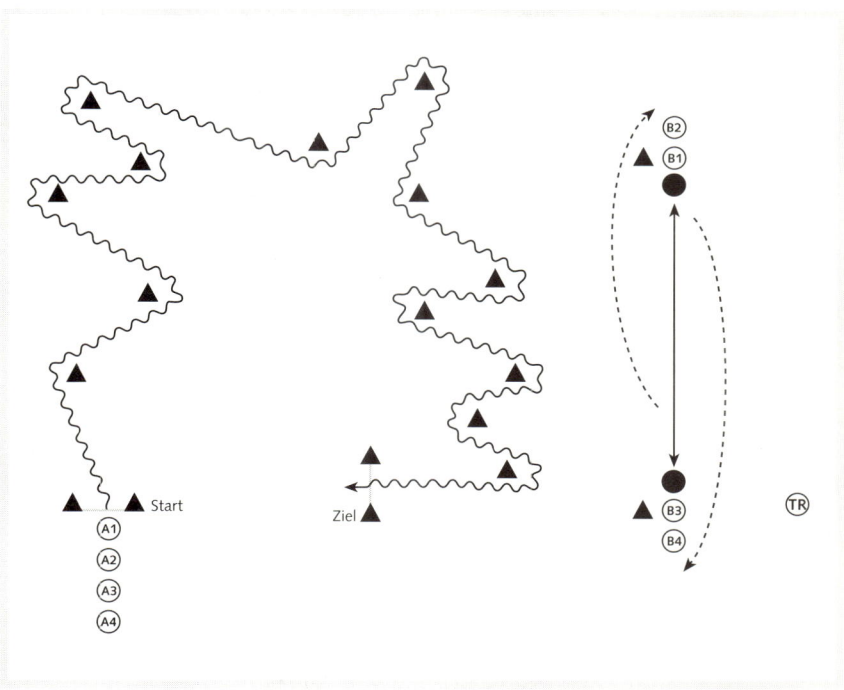

Partnerwettkämpfe

Verfolgungsdribbling Ein Dribbelparcours soll so schnell wie möglich absolviert werden. Spieler A wird von Spieler B verfolgt. Der Verfolger gewinnt das Spiel, wenn er den Vordermann vor erreichen des Zieles einholt. Nach einem Durchgang wechseln die Spieler die Aufgabe.

Der Abstand zum Vordermann bestimmt der Trainer vor Beginn des Wettkampfes. Es sollte jedoch eine realistische (jedoch nicht zu große) Chance bestehen, dass der Verfolger den Dribbler fangen kann. Der Ballverlust oder das Auslassen eines Hütchens gilt als «gefangen».

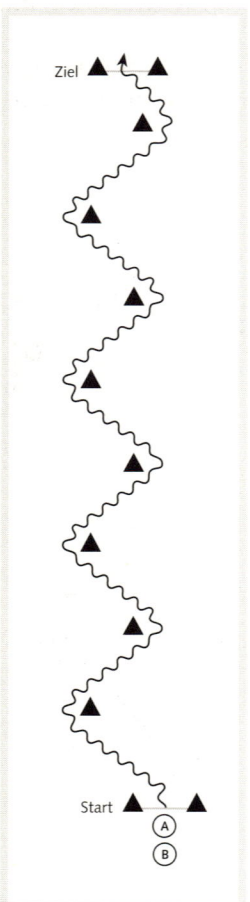

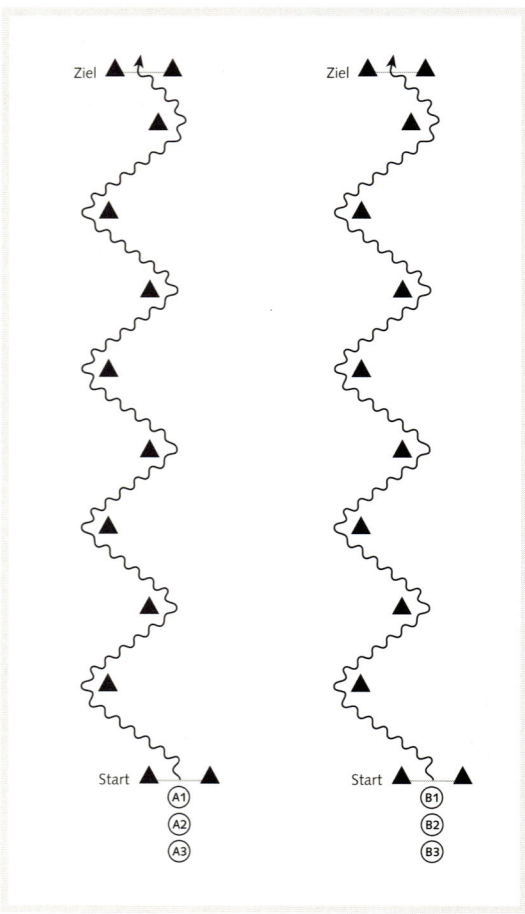

Doppelparcours Diese Form des Wettkampfes kommt bei Kindern besonders gut an, doch wenn die Aufgaben gut ausgewählt sind, haben auch Erwachsene viel Spaß an Wettkämpfen dieser Art.

Ein direkter Vergleich im Dribbling ist möglich, wenn die Spieler in zwei gleichen Parcours miteinander wetteifern. Der Sieger steht sofort fest. Bei gleichem Zieleinlauf findet ein Stechen statt.

Zeitmessung im Dribbel-Schuss-Parcours Sehr einfach zu organisieren sind Wettbewerbe mit Zeitmessungen. Ein objektiver Vergleichswert schafft eine Rangfolge, die die Spieler sehr stark motiviert, alles zu geben. Die Organisation dieser Wettkämpfe sollte jedoch nicht zu aufwändig sein.

Die Spieler werden z. B. in drei Gruppen eingeteilt: Zwei Teams spielen 5 gegen 5 und das dritte Team absolviert den Parcours. Dann kommt die nächste Gruppe usw.

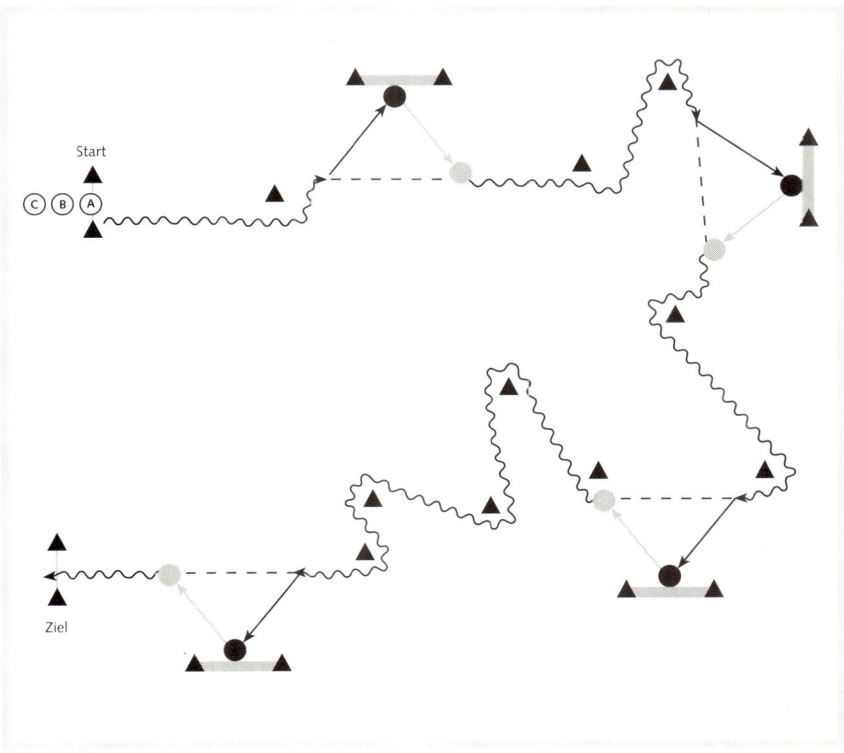

BallKoRobics –
Koordinationstraining mit
Ball und Musik

Grundlagen

«*BallKoRobics*» ist ein Koordinationstraining mit Ball, in dem Elemente aus dem Bereich der Aerobic mit fußballtypischen Bewegungen verbunden werden. Es verbessert die koordinativen Fähigkeiten (z. B. das Zusammenspiel von Armen und Beinen), die Ausdauer, die Kraft (vor allem der Beinmuskulatur) und die Kraftausdauer sowie die Geschicklichkeit.

Der elegante und geschmeidige Umgang mit dem Ball, das ökonomische und ästhetische Bewegungsvermögen haben ihren Ursprung vor allem in der Kindheit. Dazu gehört ein ausgezeichnetes Rhythmus- und Ballgefühl – so entwickelt sich der Unterschied zwischen «Fußball spielen» und «Fußball arbeiten». Das bedeutet auch: *Kinder sollten so früh wie möglich im Rahmen des Koordinationstrainings auch ein Gefühl für den Rhythmus von Bewegungen entwickeln oder verbessern.*

- *BallKoRobics* nutzt die Faszination der Musik und verbindet sie mit Fußballtechniken und Übungen zur Entwicklung wichtiger konditioneller Teilbereiche, die für Fußballer von großer Bedeutung sind.
- *BallKoRobics* ist somit nicht nur eine Trainingsform zur Verbesserung koordinativer Fähigkeiten, es eignet sich auch hervorragend zu einem Konditionstraining in allen Leistungs- und Altersstufen.

BallKoRobics beim FCR Duisburg

Methodische Hinweise

In der ersten Stufe lernen die Spieler, den Rhythmus der Musik zu hören und ihn in Bewegung umzusetzen, denn das ist für die Ausführung besonders wichtig.

Einen besonderen Schwerpunkt speziell für Fußballer bilden Übungen, in denen die Füße den Ball berühren oder bewegen. Zuerst sind dies einfache Fuß- und Beinbewegungen, Tipp-Bewegungen auf den Ball mit und ohne Hüpfen. Wenn die Spieler hierbei sicher sind, kommen Arm- und Ballbewegungen hinzu, die das Zusammenspiel von Armen und Beinen in besonderer Weise fordern.

Das Übungsprogramm eignet sich für alle Ballsportler und sichert eine vielseitige Ausbildung der koordinativen Fähigkeiten.

BallKoRobics ist vielseitig einsetzbar

- BallKoRobics eignet sich sowohl zum *Aufwärmen* als auch zum sehr anstrengenden *Konditionstraining* – der eigentliche Sinn liegt im *Koordinationstraining*. Die Übungen können je nach Trainingsschwerpunkt mit geringer (Schrittbewegungen) oder mit hoher Intensität (Hüpfbewegungen) ausgeführt werden.
- Es sind *Einzel-*, *Partner-* und *Gruppenübungen* möglich.
- BallKoRobics eignet sich für die *Halle* und den *Sportplatz*.
- Der Musikeinsatz ist nicht zwingend erforderlich, führt jedoch zu einer *hohen Motivation* der Spieler. Die Musikauswahl richtet sich nach der Zielsetzung (hohe Belastung – schnelle Musik) und den Interessen der Teilnehmer.

Rhythmus

Der Rhythmus der sportlichen Bewegungen dominiert und wird durch die Musik und / oder durch das Zählen des Trainers vorgegeben. Wenn ein Trainer sich nicht zutraut, den Wechsel der Bewegungen durch Zählen zu unterstützen und dadurch einen synchronen Ablauf der Übungen zu gewährleisten, sollte er die Spieler auffordern, selbst auf die rhythmische Ausführung zu achten.

Konzentration

Strenge Bewegungsmuster mit vorgegebenen Wechseln fördern die Konzentration unter Zeitdruck, sie richten sich nach der Musik und nach dem Zählen des Trainers. Fortgeschrittene Spieler können schnelle Wechsel von Arm- und Beinbewegungen ausführen. Diese Aufgaben sind sehr anspruchsvoll und erfordern Übung. Innerhalb einer Gruppe treten daher besonders bei diesen Übungen große Unterschiede bezüglich der Ausführung auf. Die Spieler lernen mit der Zeit, sich auf die Kommandos des Trainers zu konzentrieren, obwohl die konditionelle Belastung z. T. sehr hoch ist und innere Widerstände überwunden werden müssen.

Koordination von Armen und Beinen

Beim Internationalen Trainerkongress des Bundes Deutscher Fußball-Lehrer (BDFL) 1999 in Schmallenberg führten D-Junioren von Bayer Leverkusen eine Übung mit zwei Bällen vor. Sie spielten den einen Ball mit den Füßen hin und her, während sie sich parallel dazu einen zweiten Ball zuwarfen. Aus der Distanz sah diese Übung sehr einfach aus. Doch jeder konnte sich überzeugen, dass der Anspruch dieser Koordinationsübung sehr hoch war. Zwei freiwillige A-Lizenz-Trainer versuchten sich an der Aufgabe: Sehr schnell wurde deutlich, dass sie große Probleme dabei hatten, das Zusammenspiel der Fuß- und Armbewegungen zu koordinieren. Sie kamen aus dem Rhythmus und die normalerweise so einfachen Bewegungen wie Schießen und Werfen wurden ungenau.

Ball auf dem Boden

Fußballer kommen häufig in die Situation, dass sie ihre Körperhaltung und -position auf eine sich schnell verändernde Spielsituation einstellen müssen. Dies erfordert schnelle Fuß- und Beinbewegungen und eine hervorragende Körperkontrolle. Außerdem sollten die Spieler in der Lage sein, einen Laufrhythmus schnell und situationsangemessen aufzunehmen. In den folgenden Übungen werden fußball-typische Bewegungen mit einem durch die Musik vorgegebenen Rhythmus verbunden.

Ball bewegen

In der ersten Stufe beginnen die Spieler mit Tipp-Bewegungen zur Musik in einem Quadrat von 15 x 15 m kreuz und quer, damit sie die vorgegebenen Aufgaben ausprobieren können. Es kann entweder ein Tipp-Schritt oder ein Tipp-Hüpfen ausgeführt werden. Das Hüpfen ist wesentlich anstrengender.

Aufgaben (Füße)
- Ball mit der Fußspitze vorwärts / rückwärts bewegen
- Ball links / rechts im Wechsel schräg über das Standbein
- Drehungen um den Ball
- Ball im Kreis bewegen (rechts und links herum)

Armbewegungen

Während der Tipp-Bewegungen sind auch zusätzliche Armbewegungen (oder sogar Ballbewegungen mit einem zweiten Ball) möglich. Dabei wird neben dem Koordinationstraining von Armen und Beinen auch der Oberkörper gezielt aufgewärmt. Die Übungen eignen sich daher besonders für den Beginn einer Trainingseinheit oder BallKoRobics-Stunde.

Rudern: vor–zurück

Rudern: nach oben

Butterfly: Ellenbogen auf
Schulterhöhe, Arme vor dem
Kopf zusammenführen (1)

Butterfly: Arme nach außen
öffnen (2)

Weitere Armbewegungen

- Schultern hochziehen oder kreisen (vorwärts / rückwärts)
- Armkreisen
- Armbeuge nach außen, vor dem Körper, parallel zum Boden («Biceps Curl»)
- Arme vor dem Körper gestreckt auseinander ziehen («Expanderziehen»)
- Boxen mit beiden Armen im Wechsel parallel vor, parallel nach unten, vor kreuzen – parallel nach unten
- Arm strecken nach hinten («Triceps Curl»)
- Gestrecktes Hochziehen der Arme von den Oberschenkeln nach oben

Armkreisen Tipp-Bewegungen mit Kreisbewegungen haben einen höheren Schwierigkeitsgrad, Anfänger kommen leicht aus dem Rhythmus. Die erste Form ist das Armkreisen («Rühren») vor dem Körper parallel zum Boden. Bei großen Armkreisen («Kraulschwimmen» oder nach oben über Kopfhöhe) müssen die Spieler in der Lage sein, ihre Tipp-Bewegungen automatisch auszuführen, um sich auf die Armkreise konzentrieren zu können.

Armstrecken nach hinten («Triceps Curl»)

Triceps Curl: Arme gebeugt (1) Triceps Curl: Arme nach hinten strecken (2)

Gestrecktes Hochziehen der Arme von den Oberschenkeln nach oben

Gestrecktes Hochziehen der Arme (1)

Gestrecktes Hochziehen der Arme (2)

Tipp-Bewegungen am Platz (Ball frontal vor dem Spieler)

Nach einer Gewöhnungsphase kreuz und quer im abgegrenzten Feld stellen sich die Spieler nun in einer Formation auf, damit der Trainer gezielt Anweisungen geben kann.

Zu unterscheiden sind wiederum Tipp-Schritte (rechts/links im Wechsel), Tipp-Hüpfen (rechts/links im Wechsel) sowie die Kombination aus beidem.

Die Tipp-Bewegungen können nach hinten (Tipp–rück), vom Standbein weg zur Seite (Tipp–außen) oder zum Standbein hin (Tipp–innen) ausgeführt werden. Diese für Fußballer interessanten Bewegungen können auch kombiniert werden. Dann zählt der Trainer: Tipp–außen, Tipp–innen.

Tipp – rück

Kurze Berührung des   Schnelles Zurückziehen des
Balles mit der Fußspitze   Fußes nach hinten

Tipp – außen

Tipp-Bewegung auf den   Ausfallschritt zur Seite
Ball

Tipp–innen

Seitliches Tippen auf den Ball   **Führen des Fußes zum Standbein**

Kombinationen
- Tipp–rück, Tipp–außen
- Tipp–rück, Tipp–innen
- Tipp–rück, Tipp–außen, Tipp–innen
- Tipp–Ball nach links/rechts ziehen
- Doppel-Tipp: rechts–rechts, links–links (sehr anstrengend)
- single–single–double (rechts, links, rechts–rechts, links, rechts, links–links …)
- Zusatzaufgaben für die Arme (mit/ohne Ball)
- Partnerübungen mit einem dritten Ball: Spieler A und Spieler B stellen sich einander gegenüber auf und absolvieren eine Zusatzbewegung mit einem Ball, den sie berühren, sich zuwerfen oder zuprellen

Ball zwischen den Beinen Der Ball befindet sich unter dem Körper zwischen den Beinen. Die Spieler tippen im Wechsel mit der rechten und linken Fußspitze gegen den Ball – mit Schritt- oder Hüpfbewegung.

Ball unter dem Körper (1)

Tipp mit rechts, dann Fuß absetzen (2) und (3)

Tipp mit links (4)

Variation: Zusatzaufgabe für die Arme (ohne oder mit einem zweiten Ball, siehe Seite 120 ff. und 127 f.)

Partnerübungen mit einem dritten Ball Zwei Spieler stehen sich gegenüber und starten gleichzeitig mit den Tipp-Bewegungen. Zusätzlich geben (werfen, prellen) sie einen dritten Ball hin und her.

Ball in der Hand

Der Ball in der Hand schafft vielfältige Variationsmöglichkeiten für die Arme, während die Beine alle Formen der Schritt- und Hüpfbewegungen ausführen können. Der besondere Anspruch liegt in der Koordination.

Übungen in der Bewegung

Alle Teilnehmer haben den Ball in der Hand und beginnen auf Zeichen des Trainers, rhythmisch kreuz und quer im vorgegebenen Bereich zur Musik zu laufen. Nach einer kurzen Eingewöhnungsphase kommen die Armbewegungen hinzu.

Diese Übung dient der Auflockerung nach anstrengenden Tipp-Hüpf-Bewegungen. Die Doppelaufgabe (unterschiedliche Fuß- und Armbewegungen) fördert jedoch auch das Zusammenspiel von Armen und Beinen. Je schwieriger die Aufgaben für die Arme werden, desto eher können die Spieler aus dem Rhythmus kommen.

Aufgaben (Ball in der Hand)
- Ball pressen (vor dem Bauch zwischen beiden Händen)
- Ball vor / zurück
- Ball hoch / runter (auch diagonal links / rechts)
- Ball hochwerfen / fangen (mit / ohne Händeklatschen)
- Bizepsbewegung mit Ball
- Ball kreisen (horizontal / vertikal / um den Körper)
- Ball prellen (beide Hände / rechte / linke Hand)
- Kombinationen aus den o. g. Aufgaben

Jogging und Ball hochwerfen / fangen

Jogging und Prellen mit beiden Händen

Übungen am Platz in einer Formation

Sehr anstrengend sind alle Übungen mit Hüpf-Bewegungen. Der Trainer sollte darauf achten, dass Sprung- und Lockerungsübungen ständig wechseln, damit keine Überbelastung der Sprung- und Kniegelenke auftreten können.

Knee-up, Ball hochziehen

Knee-up (ohne Zwischenhüpfer) Beim Knee-up hebt man wechselseitig auf den Rhythmus der Musik das rechte und linke Bein. Sobald das eine Bein den Boden erreicht hat, hebt der Spieler das andere, ohne eine Pause einzulegen.
- Knee-up ohne Ball (Erklärung der Bewegung)
- Knee-up, Ball mit beiden Händen bewegen
    - Ball seitlich neben den Oberschenkel
    - Ball vor – zurück
    - Ball diagonal hoch – zurück
    - Ball hoch – runter
- Knee-up und Ball werfen – fangen (ca. 20 – 30 cm)
    - beidhändig hoch
    - von einer Hand in die andere
    - hochwerfen, in die Hände klatschen, fangen
- Knee-up und Ball gegen Oberschenkel bewegen
    - Arme in Vorhalte
    - Arme mit Ball hochziehen

- Knee-up und Ball springt vom Oberschenkel
  – gerade nach oben (ca. 10 – 30 cm)
  – schräg zur Seite

Ball gegen den Oberschenkel bewegen

Ball springt gerade nach oben

Ball springt schräg zur Seite

Kick-Bewegungen

Aufgaben (Beine)
- Jogging am Platz
- Jogging in der Formation vor/zurück
- Jogging diagonal vor/zurück
- Jogging mit Drehungen
- Hüpfen auf beiden Beinen
- Kick-Bewegungen
- Twisten
- Beinbeuge («Leg Curl»)
- Kniebeuge («Squat»)

Twisten

Beinbeuge («Leg Curl»)

Aufgaben (Arme mit Ball gegen die Innenseite)
- Arme in Vorhalte
- Arme mit Ball hochziehen

Kniebeuge («Squat»)

Ball gegen Innenseite

Aufgaben (Ball gegen den Spann)
- Arme in Vorhalte
- Arme mit Ball hochziehen
- Ball mit dem Spann zurück in die Hände schießen

Ball gegen Spann

Knee-Lift (mit Zwischenhüpfer) Im Gegensatz zum «Knee-up» führen die Spieler beim «Knee-Lift» während des Beinwechsels einen kleinen Zwischenhüpfer aus. Dies bereitet vielen Anfängern zunächst etwas Mühe, doch mit etwas Übung sind sie in der Lage, diese interessante Bewegung auch zur Musik auszuführen. Die konditionelle Belastung ist nicht zu unterschätzen. Deshalb sollten je nach Trainingsschwerpunkt anstrengende und weniger anstrengende Übungen abwechseln.

Wichtig: Nach Phasen mit hoher Belastung sollten ausgiebige Dehnphasen für die Waden und Schienbeinmuskulatur, eventuell Fußmuskulatur, folgen.

Knee-Lift mit Ball über Kopfhöhe

Jack auf 1 mit unterschiedlichen Ballbewegungen Wenn das Öffnen und Schließen beim Hampelmann schnell, d. h. ohne Zwischenhüpfbewegung erfolgt, so spricht man vom Jack auf 1.

Aufgaben (Ball)
- runter, hoch
- hoch, runter
- vor, zurück
- werfen, fangen (höchstens bis Kopfhöhe!)
- prellen, fangen

Jack und Prellen

**Jack auf 2 mit Doppelball-
bewegungen**
- runter, runter – hoch, hoch
- vor, vor – rück, rück
- hoch, hoch – runter, runter
- prellen, prellen – beim Schließen der
  Beine Ball festhalten

Kombinationen Die oben beschriebe-
nen Übungen lassen sich vielfältig kombinieren. Der Schwierigkeitsgrad der Übung
steigt, wenn ein regelmäßiger Ablauf vorgegeben ist. Z. B. könnte dies die folgende
Kombination sein:
Folge: vier Knee-Lifts vor, vier Jacks am
Platz – vier Knee-Lifts zurück – vier Jacks
am Platz. Wenn dann noch unterschiedliche Arm- oder Ballbewegungen hin-
zukommen, ergeben sich zahlreiche
Möglichkeiten, ein abwechslungsreiches
BallKoRobics-Programm zusammenzu-
stellen.

Kombinationen im Raum Auch Variationen im Raum können die Komple-
xität der Übung noch steigern.
- Üben am Platz
- Üben mit Drehungen am Platz
- Üben in der Formation vor und zurück
- Üben diagonal vor – zurück (nach links und rechts)

Partner- und Gruppenübungen

Besonders im Kindertraining sind Partnerübungen sehr beliebt und wichtig. Das selbständige Anwenden der gelernten Bewegungen mit einem Partner macht Spaß und fördert die Kreativität.

Zwei Spieler stehen sich ca. 2 m entfernt gegenüber und versuchen, entweder auf das Zeichen des Trainers oder selbst gesteuert, möglichst synchron eine vorgegebene Bewegung auszuführen.

Partnerübungen mit Ball und Musik

Aufgaben (Beine)
- Jogging
- Hüpfen
- Knee-Lift
- Step-Touch
- Kick-Bewegungen
- Jack auf 1

Die Spieler führen diese Bewegungen rhythmisch zur Musik aus und erfüllen weitere Aufgaben mit den Händen.

Übungen mit einem Ball
Hampelmann
Aufgaben

- Spieler A hat den Ball in der Hand und bewegt ihn gleichzeitig zum Öffnen der Beine nach vorne. Spieler B berührt den Ball jeweils und bewegt seine Arme vor und zurück, während der Spieler A den Ball vor- und zurückbewegt.
- Hier erhält der Partner den Ball bei jedem Öffnen der Beine, zieht ihn beim Schließen zu sich heran und gibt ihn beim nächsten Öffnen zurück.
- Nun wirft der Spieler beim Öffnen der Beine den Ball parallel zum Boden zum Partner, dieser fängt den Ball und wirft ihn beim nächsten Öffnen zurück.
- Im Bild rechts wirft der Spieler den Ball in die Mitte zwischen beiden über den Boden zum Partner.

Hampelmann und Übergabe des Balles   Hampelmann und Zuprellen des Balles

Kick-Bewegungen Die Spieler bewegen die Beine wie bei einem Schuss vor und zurück – dies möglichst im Rhythmus der Musik. Die eigentliche Schwierigkeit liegt jedoch in der Koordination der Aufgaben für die Arme mit den gleichzeitig ablaufenden Fußbewegungen.

Kick-Bewegung und Ball zuwerfen (1)   Kick-Bewegung und Ball zuwerfen (2)

Schritt zurück mit Ballübergabe Bei der Ballübergabe (Zuwurf/Zuprellen) können die Spieler auch typische Aerobic-Schritte ausführen. Der Schritt nach hinten («Lunge») kann auch zur Seite oder nach vorne ausgeführt werden.

«Lunge» Ausgangsposition (1)   «Lunge» mit Ballübergabe (2)

Übung mit drei Bällen

Während beide Spieler Tipp-Bewegungen gegen ihren Ball ausführen, erfüllen sie mit einem dritten Ball weitere Aufgaben.

Aufgaben
- Ball berühren
- Ball hin- und hergeben
- Ball hin- und herwerfen
- Ball zuprellen (eventuell mit Zählen bis acht oder vier)

Ball hin- und herwerfen

Andere Übungsformen

Variante der Beinbewegungen (auch paarweise möglich) Der Ball wird zwischen den Beinen mit der Fußspitze berührt oder kurz zur Seite bewegt.

Zuspiel des Balles auf dem Boden (auch aus der Hand möglich) Wenn der Ball auf dem Boden im Rhythmus hin- und hergespielt wird, sind die Spieler gezwungen, genau und gezielt zum Partner zu spielen, denn sonst kommen sie sehr schnell aus dem Rhythmus. Als Begleitbewegungen sind sehr gut das beidbeinige Hüpfen oder der Low-Kick möglich.

Variationen

- Das Zuspiel kann auch innerhalb eines Dreiecks (oder Quadrats) zu einem Mitspieler im Uhrzeigersinn (Gegenuhrzeigersinn) erfolgen.
- Koordinativ anspruchsvoll sind Gruppenübungen mit mehreren Bällen. Im Dreieck werden drei Bälle gleichzeitig im Uhrzeigersinn (oder umgekehrt) zugespielt. Dabei kommt es darauf an, dass die Spieler ihren Ball präzise zuspielen, während sie den Ball vom Nachbarn erwarten und annehmen. Ein Spieler zählt (ohne/mit Musik) und gibt die Startkommandos.

Zuspiel im Dreieck mit der Innenseite aus der Hand

Schlussbemerkung

Sie haben nun dieses Arbeitsbuch bis zu dieser Stelle durchgearbeitet und sicherlich eine Menge neuer Trainingsformen kennen gelernt. Sicherlich haben Sie auch zahlreiche Anregungen zum allgemeinen und fußballspezifischen Koordinationstraining gefunden, die für Ihre Trainingsgruppe interessant sind. Haben Sie schon die eine oder andere Übung ausprobiert? Gut so! Viele Organisationsformen sollten Sie jedoch nur als Starthilfe verstehen, denn nun sind Sie an der Reihe: Kombinieren und variieren Sie die Inhalte dieses Buches so vielseitig, wie es Ihnen sinnvoll erscheint, und experimentieren Sie mit Ihren eigenen Ideen. Sie werden sich wundern, wie viele Variationsmöglichkeiten Ihnen einfallen, wenn Sie sich einmal näher mit dem Koordinationstraining beschäftigen. Da spreche ich aus Erfahrung.

Wenn Sie anfänglich noch kleine Probleme bei der Umsetzung der Übungen sehen, dann gehen Sie doch einfach Schritt für Schritt vor. Probieren Sie zuerst die Übungen aus, die für Sie am leichtesten umzusetzen sind, und machen Sie damit erste Erfahrungen. Später sollten Sie jedoch Ihren Übungsschatz ständig erweitern. Testen Sie aber auch die Übungen, von denen Sie nicht unbedingt überzeugt sind. Häufig erfährt man erst in der praktischen Umsetzung einer Übung ihre Wirkung auf die Spieler.

Kinder- und Juniorentrainer sowie Lehrer an den Schulen erkennen sicherlich sofort die Notwendigkeit und den Sinn eines gezielten Koordinationstrainings für unsere Jugend. Sie werden die vorgestellten Übungen schnell umsetzen. Doch mit diesem Buch möchte ich auch den Amateurtrainern und Trainern im Hochleistungsfußball Anregungen für ihr Training geben. Der Schwierigkeitsgrad der Übungen lässt sich häufig so weit steigern, dass selbst Profis darin eine Herausforderung finden.

Allen Lesern wünsche ich viel Spaß und Erfolg beim Ausprobieren, Anwenden, Variieren und Kombinieren der Übungen aus diesem Buch!

Ihr
Peter Schreiner

Literatur

Neumaier, Koordinatives Anforderungsprofil und Koordinationstraining,
Köln 1999
Dargatz, Fußball. Konditionstraining, München 1997
Harmsen / Daniel, Fußball. Jugend-Training, Reinbek 1990
Hirtz, Koordinative Fähigkeiten im Schulsport, Berlin 1988
Schreiner, Erfolgreich Dribbeln. Das Peter-Schreiner-System, Reinbek 1999
Weineck, Optimales Fußballtraining, Teil 1, Balingen 1998

Videos

Rauin / Schreiner, Koordinationstraining für Schule und Verein, Teil 1: Grundlagen,
Teil 2: Aufbautraining, Bochum 1997
Dost, Fußball. Lauftechnik, Enschede 1998
Schreiner, BallKoRobics für Fußballer, Bochum 1999
Schreiner / Ebenfeld, BallKoRobics für Anfänger, Bochum 1999
Ajaxschule, Koordinations- und Schnelligkeitstraining, Teil 1 und 2,
Amsterdam 1995
Schreiner, Koordinationstraining – Fußball, Bochum 2000

TRAININGS
VIDEOS

Institut für Jugendfußball
www.ifj96.de
ifj96@aol.com
Deutsche Fußball-Akademie
Tel.: 0234-5249-607
Fax: 0234-5249-614

INFOS

SERIE ERFOLGREICH DRIBBELN

1
Teil
Großgruppentraining
VHS, 60 Min., 25,50 Euro: Aufwärmen, Ballgefühl, Dribbeltechniken, Täuschungen

2
Teil
Gegner im Rücken
VHS, 50 Min., 25,50 Euro: Ball abschirmen, eng deckenden Gegner abhängen

3
Teil
Neue Dribbelschule für Jungen und Mädchen
VHS, 35 Min., 15,25 Euro: Hausaufgaben, Selbstlernkurs, zahlreiche Techniken, schöne Tore, kindgemäßer Text

SERIE KOORDINATIONSTRAINING

1
Teil
Grundlagen
VHS, 50 Min., 25,50 Euro: Sprinttraining, Rhythmusschulung, Koordination von Armen und Beinen, Körperbeherrschung nach Drehungen und Sprüngen

2
Teil
Aufbautraining
VHS, 45 Min., 25,50 Euro: schnelle Richtungswechsel nach Sprints, Drehungen und Sprüngen, präzise Schrittkombinationen unter Zeitdruck, Sprungkraftverbesserung

3
Teil
Koordinationstraining - Fussball
VHS, 60 Min., 25,50 Euro: Aufwärmen, KT mit Ball, Koordinationsleiter, komplexes Reaktionstraining, koordinatives Techniktraining

TRAININGSGERÄTE AUS DER PRAXIS

1
Teil
Erfolgreiches Pendeltraining
VHS, 40 Min., 15,25 Euro: Kopfballtraining, saubere Schusstechnik, Partner- und Gruppenübungen, Sprinttraining, Anwendung des Swingballes und Swingball-Halters

2
Teil
MultiKickBall - der ideale Trainingspartner
VHS, 40 Min., 15,25 Euro: An- und Mitnahme, Passen und Torschuss, Gleichgewicht, Koordination, Partnerübungen, Torwarttraining, Gruppentraining

HUNGER-FORECHECKING

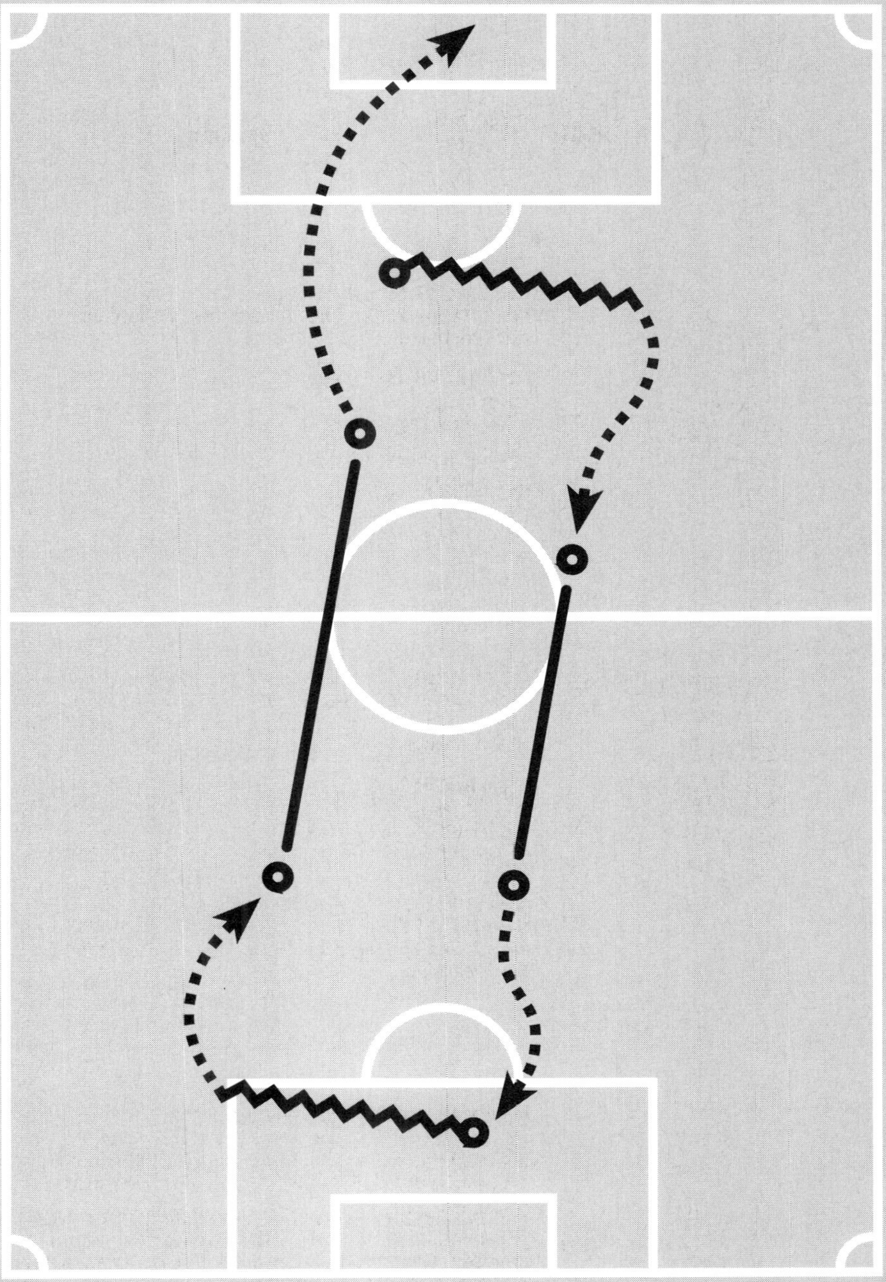

UND DER HUNGER IST GEGESSEN.

® Registered Trademark of MARS, Inc. © MARS

PREDATOR
CUP

adidas

DIE

GEMEINSAME
BASIS

HAT  VIELE

GESICHTER.

adidas

DIE GRÖSSTE FUSSBALLOFFENSIVE FÜR DEN NACHWUCHS
UNTER DER SCHIRMHERRSCHAFT DES DEUTSCHEN FUSSBALLBUNDES.

© Polar Electro

S 49/2a

rororo Ratgeber Sport

Runner's World: Lesen, fertig, los!
Die besten Titel zum Trendsport Laufen

Runner's World: Das Laufbuch
Training, Technik, Ausrüstung
Thomas Steffens/Martin Grüning
3-499-19465-1

Runner's World: Marathon
Die besten Programme
Thomas Steffens/Martin Grüning
3-499-61010-8
Die perfekte Gebrauchsanweisung
für effektives Training

Runner's World:
Lauftrainer 5 bis 10 Kilometer
Die besten Trainings-Programme
Thomas Steffens/Martin Grüning
3-499-61018-3

Runner's World:
Laufen – die 100 besten Tipps
Thomas Steffens/Martin Grüning
3-499-61037-X

Runner's World:
Laufen – Das Einsteigerbuch
Thomas Steffens/Martin Grüning
3-499-61030-2

Runner's World:
Das große Buch vom Laufen
*Der beste Einstieg – und wie es
weitergeht. Kraft, Ausdauer und
Schnelligkeit steigern. Verletzungen
vorbeugen. Der Weg zum
Marathon*
Amby Burfoot

3-499-61057-4

Weitere Informationen in der Rowohlt Revue oder unter www.rororo.de

Foto: Horst Lichte

rororo Ratgeber Krafttraining

Kompetente Ratschläge, Tipps und Antworten für Fitness und Bodybuilding

Hometrainer Bodybuilding
Übungen und Programme
Berend Breitenstein
3-499-61019-1

Bodybuilding: Massive Muskeln
Die besten Übungen.
Schritt-für-Schritt-Fotos.
Mit 90-Tage-Programm
Berend Breitenstein
3-499-61038-8

Fitness-Krafttraining
Die besten Übungen und
Methoden für Sport und
Gesundheit
Wend-Uwe Boeckh-Behrens/
Wolfgang Buskies
3-499-19481-3

Der Hantel-Krafttrainer
Die besten Übungen
Hans-Dieter Kempf/Andreas Strack
3-499-61013-2

Die Kraftküche
Einfach, schmackhaft, gesund.
Die besten Rezepte für Fatburning
und Muskelaufbau
Berend Breitenstein
3-499-19496-1

Supertrainer Bauch
Die effektivsten Übungen
Boeckh-Behrens/Buskies

3-499-61028-0